Perfektes Ausdauertraining

Tobias Hatje/Gunnar Ebmeyer

Perfektes Ausdauertraining

In Bestform – Laufen, Biken, Schwimmen,
Inlineskaten, Studiotraining

südwest

INHALT

Gut in Form und gut geformt mit FIT FOR FUN!

Ausdauer gewinnen nach Plan

Joggen – so weit die Füße tragen

Stretching erwärmt Sie für Ihre Ausdauersportart.

Rauf aufs Rad – auch das ist Fitness-training pur.

Vielseitigkeit steigert das Vergnügen 178

Gerätetraining – das geht immer 190

Abgefahren – Inline-skaten ist Spaß und Sport in einem.

Ausdauertraining schafft mehr
Energie und Stehvermögen – und
das nützt Ihnen in allen Lebenslagen.

Der lange Atem

Sport treiben, ohne
schlappzumachen

»Mens sana in corpore sano« – das wussten schon die alten Römer. Und daran hat sich bis heute nichts geändert: Wer seinen Körper gesund und fit hält, der tut damit auch gleichzeitig Geist und Seele gut. Und Sport ist ein wichtiger Faktor bei diesem Rundumschutz.

Topfit in allen Lebenslagen

Wir machen Sie frisch. Ja, richtig gelesen. Frisch. Mit diesem Buch sollen Sie Ihre Trägheit überwinden und sich bewegen. Mit Spaß. Und mit Plan. Dabei helfen Ihnen unsere detaillierten Trainingsprogramme und Einsteigertipps. Warum? Ganz einfach: Leben ist Bewegung, und Bewegung ist Leben. Klingt klug und altklug zugleich. Vielleicht, weil es so banal ist. Vielleicht aber auch, weil es so wahr ist. Und wenn wir es mit diesem Buch schaffen, dass Sie am Ende Ihre Joggingschuhe schnüren, die Skates anschnallen, die Badehose einpacken oder sich aufs Rad schwingen – haben wir gewonnen. Und Sie auch. Wir, weil wir Sie mit diesem Buch motivieren konnten, aktiv zu werden. Und Sie, weil Ihnen die Extraportion Bewegung mit Sicherheit gut getan, Ihre Laune verbessert oder Ihr Selbstbewusstsein gestärkt hat. Oder vielleicht auch alles drei zusammen.

Pläne für das gezielte Training

Verstehen Sie dieses Buch – ganz im FIT FOR FUN-Stil – als kompetenten, aber locker zu konsumierenden Ratgeber. Einen Ratgeber für optimale Trainingsgestaltung, für Tipps zur Ausrüstung und zu Techniken, für eine perfekte Sportlerernährung. Um Ihnen den Einstieg so leicht wie möglich zu machen, finden Sie detaillierte Trainingspläne für die einzelnen Sportarten. Für Anfänger und Könner, Männer und Frauen gleichermaßen.

Sie haben eine paar Pfund zu viel auf den Hüften? Kein Problem. Mit dem speziellen Fatburning-Trainingsplan kriegen Sie Ihr Fett weg. Einfach, aber effektiv. Machen Sie sich in diesem Kapitel über Ausdauertraining und Fettverbrennung schlau. Aber nicht zu lange lesen – damit noch Zeit für den Sport bleibt. Viel Spaß dabei!

Tobias Hatje & Gunnar Ebmeyer

Mit Ausdauer locker ins Ziel

Wer Sport treibt, benötigt eine gute Ausdauer. Egal, ob Sie bei einem Marathon an den Start gehen, regelmäßig Tennis spielen oder nur gelegentlich auf Inlineskates Ihre Runden drehen – je besser Sie trainiert sind, desto leichter und lockerer erreichen Sie Ihr Ziel. Sportwissenschaftler bezeichnen Ausdauer als die Fähigkeit, eine muskuläre Leistung über einen möglichst langen Zeitraum zu erbringen, ohne dabei zu ermüden. Um dies zu erreichen, müssen sich vor allem der Energiestoffwechsel der Muskulatur sowie das Herz-Kreislauf-System und die Lunge der ungewohnten Belastung anpassen. Und das erreichen Sie nur durch ein regelmäßiges Training.

Länger durchhalten – schneller erholen

Bei einem Ultralangstreckenläufer ist dies offensichtlich. Schließlich plant niemand, ohne eine langfristige Vorbereitung an einem 100-Kilometer-Rennen teilzunehmen. Aber auch in anderen Disziplinen ist eine gute Ausdauer entscheidend. Denn je besser Ihre Kondition, desto länger können Sie Bewegungen sauber und präzise durchführen und dabei hochkonzentriert zu Werke gehen. So treffen Sie in einem heiß umkämpften Tennismatch mit einer perfekten Technik den Ball auch im dritten Satz noch und haben den ausschlaggebenden Vorteil gegenüber Ihrem Kontrahenten.

Der angenehme Nebeneffekt ist, dass Ihr Körper durch das Ausdauertraining außerdem lernt, sich nach Belastungen schneller zu erholen. Davon profitieren z. B. Kampfsportler, die bei einem Wettkampf gegen mehrere Gegner antreten und in jeder Runde topfit sein müssen. Kurz auf eine Formel gebracht, kann man sagen:

Ausdauer = Widerstandsfähigkeit gegenüber Ermüdung + Fähigkeit zur schnellen Erholung.

Wenn Sie mit einem Ausdauersport anfangen möchten, haben Sie genau das richtige Buch in den Händen. Aber auch, wenn Sie öfter die Disziplinen tauschen und die Abwechslung lieben – egal, ob Laufen, Inlineskaten, Radfahren, Schwimmen oder Ergometertraining im Studio.

*Fühlen Sie sich
rundum wohl mit
Ausdauertraining!*

Fitness für die Seele ...

Ein vielseitiges Ausdauertraining sorgt dafür, dass Sie schon nach wenigen Monaten rundum fit sind. Natürlich vor allem, weil Sie eine bessere Kondition haben. Und das hat nicht nur rein physische Auswirkungen auf Herz, Muskeln und Lunge. Vielmehr verwandeln Sie sich schon nach kurzer Zeit in einen »neuen« Menschen. Sie werden aktiver, ausgeglichener und leistungsbereiter – und das sowohl im Sport als auch im Alltag.

Hinzu kommt, dass das Training durch die verbesserte Durchblutung und das vermehrte Sauerstoffangebot für eine angenehme »Bettschwere« sorgt und Sie bereits nach neun Wochen ruhiger und tiefer schlafen. Das hat wiederum den Effekt, dass Sie auch tagsüber ausgeruhter sind. Wenn Sie im Büro oft einseitig gefordert werden, sind Skaten, Biken, Joggen und Schwimmen ein gesunder Ausgleich und lösen Verkrampfungen in der Muskulatur.

... und für den Job

Und auch im Alltag profitieren Sie davon, wenn Ihr Körper gut in Schuss ist. Zum einen senkt das Training die Ausschüttung der Stresshormone Adrenalin und Noradrenalin. Sie lernen schnell, beim Sport abzuschalten, und gehen auch im Job oder Privatleben mit Problemen relaxter um. In entscheidenden Momenten, wenn Sie Verantwortung übernehmen müssen, Entscheidungen fällen oder Position beziehen müssen, bleiben Sie locker und behalten die Übersicht. Diesen Effekt nutzen sogar Psychologen, die depressiven Patienten häufig eine Runde Joggen »verschreiben«.

Zum anderen erhöht das Ausdauertraining Ihre Denkfähigkeit, denn unter Belastung steigt die Blut- und Sauerstoffzufuhr im Gehirn um bis zu 25 Prozent. Sie werden wacher, aufnahmefähiger und sind auch fit im Kopf. Bei einer ausgiebigen Ausfahrt mit dem Bike oder einer entspannten Laufrunde bekommen viele stressgeplagte Aktivisten die besten Ideen – für ein neues Projekt im Beruf oder wie sie anstehende Veränderungen im Privatleben meistern.

Gut in Form und gut geformt

Für einen gezielten Muskelaufbau ist das Kraftworkout im Studio immer noch das Maß der Dinge, doch die lang anhaltenden Belastungen beim Ausdauertraining vergrößern und stärken ebenfalls die Muskulatur. Durch das Ausdauertraining vermehrt sich die Zahl der Mitochondrien, der Zellbausteine, die für den Energiestoffwechsel in den Muskeln verantwortlich sind. Zudem können Ausdauerathleten mehr Sauerstoff und Kohlenhydrate in den Muskeln speichern. Dadurch werden sämtliche Bewegungen ökonomischer, und um die Belastungen des Alltags zu meistern, können Sie einen Gang runterschalten.

Laufen, Inlineskaten und Biken stärken vor allem die Beine. Wollen Sie Ihren Oberkörper, die Schultern sowie Bizeps und Trizeps formen, sollten Sie regelmäßig im Schwimmbecken Ihre Bahnen ziehen. Im Wasser trainieren Sie schonend die Bauch- und Rückenmuskulatur – zwei der häufigsten körperlichen Problemzonen. Durch die heute vorwiegend sitzende Tätigkeit, z. B. im Büro, verkümmert die Rumpfmuskulatur, Rückenschmerzen und Haltungsschäden sind die Folge.

Es gibt mehrere Arten von Ausdauer

Eine gute Ausdauer ist also die Grundlage für alle Sportarten. Trotzdem werden in jeder Disziplin andere Anforderungen an Ihre Kondition gestellt. In der Sportwissenschaft existieren unterschiedlichste Modelle, um die verschiedenen Formen der Ausdauer zu strukturieren (siehe Kasten auf Seite 14). Für Freizeitsportler gilt grundsätzlich, dass sie optimal und am gesündesten trainieren, wenn ihren Muskeln

Für jeden Körperbereich gibt es die passende Ausdauersportart. Auswahlkriterien: Ihre persönlichen Problemzonen. So können Sie während des allgemeinen Fitnesstrainings ganz nebenbei ein bisschen Bodyshaping betreiben.

Bringen auch Sie Ihren Body in Bestform!

genügend Sauerstoff zur Verfügung steht (aerob), möglichst viele Muskeln an der Bewegung beteiligt sind (allgemeine Ausdauer) und sie häufig die Sportart variieren (Grundlagenausdauer). So wird das Training abwechslungsreich, Sie machen auch in anderen Disziplinen Fortschritte, und – Hand auf den Bauch – nur mit einem solchen Workout schaffen Sie es auch wirklich, beim Sport jede Menge Kalorien auf der Strecke zu lassen und Ihrer Waage die Arbeit deutlich zu erleichtern.

Ganz gleich, für welche Ausdauersportart Sie sich entscheiden, wichtig ist, sich am Anfang noch nicht zu viel vorzunehmen. Ein typischer Einsteigerfehler ist nämlich ein zu hoch gestecktes Ziel – das nicht erreicht werden kann und schnell zur Demotivierung führt.

Formen der Ausdauer

▶ Aerobe und anaerobe Ausdauer: je nach Art der Energiebereitstellung. Den Muskeln steht entweder ausreichend oder zu wenig Sauerstoff zur Verfügung.

▶ Allgemeine oder lokale Ausdauer: je nach Anteil der an der Bewegung beteiligten Muskeln. Wird mehr als ein Sechstel der gesamten Muskulatur eingesetzt, handelt es sich um allgemeine Ausdauer, bei weniger Muskelmasse ist lokale Ausdauer gefordert.

▶ Kurz-, Mittel- und Langstreckenausdauer: je nach Zeitfaktor. Die Belastungsdauer (zumeist im Wettkampf) ist unter 2 Minuten, zwischen 2 und 10 Minuten, 10 bis 35 Minuten, 35 bis 90 Minuten, 90 Minuten bis 6 Stunden oder länger als 6 Stunden.

▶ Statische oder dynamische Ausdauer: je nach Arbeitsweise. Die Muskeln leisten statische Haltearbeit oder führen dynamische Bewegungen durch Beugen und Strecken der Gelenke aus.

▶ Grundlagen- oder spezielle Ausdauer: je nach Trainingsziel. Entweder unabhängig von einer Sportart (z. B. Verbesserung des Herz-Kreislauf-Systems) oder direkt auf eine Sportart bezogen (z. B. hoher Ermüdungswiderstand bei der Tennisvorhand).

Physiologische Grundlagen

Sobald Sie in Ihr Auto steigen und Gas geben, beginnt der Motor, Benzin zu verbrennen, um für den Vortrieb zu sorgen. Ähnlich arbeitet auch der menschliche Organismus. Allerdings werden Sie in Ihrem tiefsten Inneren kein offenes Feuer entdecken. Um die Muskeln zum Zucken zu bringen, laufen im Körper eine Vielzahl chemischer Prozesse ab.

So funktioniert der Energiestoffwechsel

Die einzige Möglichkeit für den Organismus, Bewegungsenergie zu erzeugen, ist durch die Spaltung von Adenosintriphosphat (ATP), einer Verbindung von Adenosin und drei (tri) Phosphaten. In den Zellen wird von diesen drei Phosphaten eines abgespalten. Dabei entstehen Adenosindiphosphat (ADP, di = zwei), ein Phosphatrest und Energie, welche die Muskeln in Bewegung umsetzen. Allerdings ist der ATP-Vorrat im Körper sehr gering. Deshalb müssen das ADP und die einzelnen Phosphate wieder zu ATP zusammensetzt werden.

Es ist wichtig für Sie zu wissen, was im Detail in Ihrem neuen Leben als Ausdauersportler in Ihrem Körper passiert. Nur so sind Sie nämlich in der Lage, die Signale Ihres Körper rechtzeitig zu erkennen und mögliche Trainingsfehler zu vermeiden.

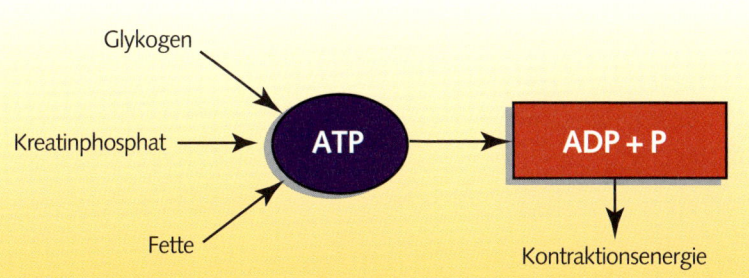

Das Adenosintriphosphat (ATP) spielt eine zentrale Rolle im Energiestoffwechsel der Muskelzelle (Quelle: Zintl 2001).

Die drei Energiespeicher

Für diesen Vorgang, die ATP-Resynthese, benötigt der Körper wiederum Energie, welche er aus drei Speichern bekommt:

▸ Kreatinphosphat: ein energiereiches Phosphat, das in den Zellen
schnell einsetzbar, aber ebenfalls nur sehr begrenzt vorhanden ist.

▸ Glykogen: Die in den Muskeln und der Leber gespeicherte Glukose
(Kohlenhydrate) steht relativ schnell zur Verfügung und kann entweder mit oder ohne Sauerstoff »verbrannt« werden.

▸ Fett: Ein nahezu unerschöpflicher Speicher; allerdings läuft die
Resynthese mit diesem Energielieferanten nur sehr langsam ab.

Welchen Tank der Körper anzapft, hängt von der Intensität der Beanspruchung ab, wodurch auch die Zeit, die Sie diese Leistung vollbringen können, limitiert wird.

Je schneller und kräftiger die Muskeln kontrahieren, desto kürzer sind
sie in der Lage, die geforderte Leistung zu erbringen. Für die ATP-
Resynthese gibt es zwei Varianten.

Der anaerobe Energiestoffwechsel

Die meiste Energie fließt zu Beginn einer jeden Bewegung, wenn ATP
und Kreatinphosphat abgebaut werden. Für diesen chemischen Ablauf
ist kein Sauerstoff notwendig, und es entsteht kein Laktat (Milchsäure). Daher nennt man diesen Zeitraum auch die anaerob-alakta-
zide Phase. Allerdings ist das Phosphatdepot nach maximal sieben
bis zehn Sekunden entleert.

Müssen die Muskeln weiter intensiv arbeiten, beginnt bereits innerhalb dieser Zeitspanne die anaerobe Glykolyse, d. h. der Abbau von
Glykogen ohne Sauerstoff. Aber auch auf dieses Reservoir kann
der Körper maximal 40 bis 90 Sekunden lang zurückgreifen. Denn
hierbei bildet sich das Nebenprodukt Laktat (anaerob-laktazide Energiegewinnung).

Stichwort »Laktat«

▸ Laktat ist die größte Bremse für Ausdauerathleten. Der Laktatwert beschreibt den Milchsäure-anteil im Blut und ist ein Abfallprodukt bei der Energiegewinnung für die Muskelarbeit.

▸ Steht für den Stoffwechsel nicht genügend Sauerstoff zur Verfügung, ist die anfallende Lak-tatmenge größer als die Menge an Milchsäure, welche im selben Zeitraum durch das Herz und die Leber abgebaut werden kann. Die Folge: Die Muskulatur übersäuert, das Säuren-Basen-Gleichgewicht in den Zellen kippt. Die Arbeitsfähigkeit sinkt, und die Leistung lässt nach.

▸ In Ruhephasen beträgt die Laktatkonzentration ca. 1 Millimol pro Liter Blut (mmol/l). Ein Lak-tatwert von 4 mmol/l gilt gemeinhin als Schwelle, bei der sich Laktatanfall und -abbau die Waage halten. Eine Belastung in diesem Bereich wird als Steady-State bezeichnet.

▸ Doch – und darauf sei ausdrücklich hingewiesen – dieser Wert kann individuell schwanken. Bei manchen Sportlern liegt er bei 3 mmol/l, bei anderen Athleten bei 6 mmol/l. Bei maximalen anaeroben Belastungen, wie etwa einem 400- oder 800-Meter-Lauf, kann der Laktatwert bei Spitzensportlern auf bis zu 25 mmol/l ansteigen!

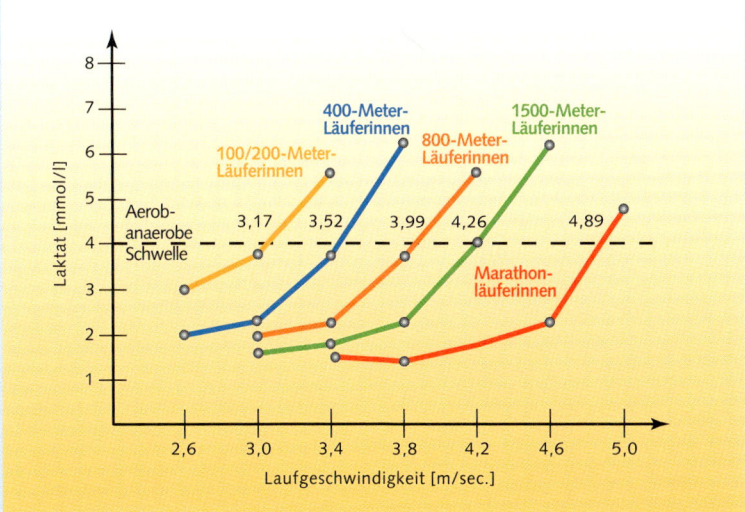

Laufgeschwindigkeit und aerob-anaerobe Schwelle bei Läuferinnen der deutschen Spitzenklasse. Je länger die Spezialdisziplin und je größer der aerobe Trainings-anteil, desto höher die Laufgeschwindigkeit an der anaeroben Schwelle (Quelle: Kleinmann 1996).

Die Grafik zeigt den Anteil der energieliefernden Substanzen an der gesamten Energie- bereitstellung (Quelle: Weineck 1990).

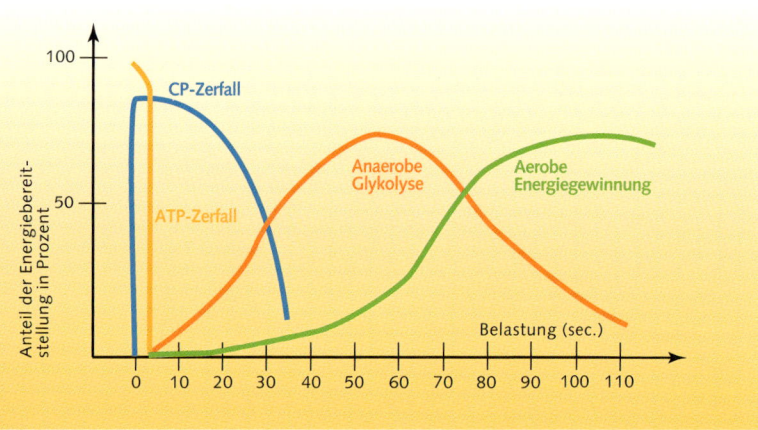

Sauerstoff ist das A und O des Energie- stoffwechsels. Denn so wie ein Feuer, das erst richtig auf- lodert, wenn es genug Luft be- kommt, ist auch der Organismus bei sei- ner chemischen »Verbrennung« auf den Sauerstoff ange- wiesen.

Der aerobe Energiestoffwechsel

Das Ziel eines jeden Ausdauerathleten ist es daher, dem Körper genü- gend Sauerstoff zur Verfügung zu stellen. Diese so genannte aerobe Energiegewinnung aus dem Glykogen und den Fetten ist zwar lang- samer, dafür sind die Speicher aber fast unbegrenzt. So würde bei- spielsweise der Fettanteil des Körpers theoretisch ausreichen, um 20 Marathonläufe zu überstehen.

Ein weiterer Vorteil: Es kommt zu keinem nennenswerten Anstieg des Laktatspiegels. Der aerobe Kohlenhydratvorrat reicht, je nach Trai- ningszustand, etwa 60 bis 90 Minuten. Bei Belastungen, die über diese Zeitspanne hinausgehen, gewinnt der Fettspeicher immer mehr an Bedeutung für den Gesamtumsatz. Der häufig zitierte »Mann mit dem Hammer« oder die »Mauer«, die dem Marathonläufer ungefähr bei Kilometer 30 begegnen, ist ein Zeichen dafür, dass die Glykogen- reservoirs vollständig entleert sind und die Muskeln komplett auf die Fettverbrennung umsteigen müssen. Dadurch laufen sämtliche Vor- gänge noch langsamer ab.

Langsam Kondition aufbauen

Entscheidend ist, dass niemals nur eines der Depots angezapft wird. Alle diese Übergänge überschneiden sich. Und je besser Sie trainiert sind, desto flüssiger wird der Wechsel, umso leichter fällt Ihnen das Umschalten. Das beweisen z. B. Weltklassemarathonläufer, die, obwohl auch ihr Glukosetank bereits auf Reserve läuft, dennoch auf den letzten Rennkilometern nicht einbrechen, sondern sogar noch zu einem Schlussspurt ansetzen.

Wollen Sie Ihre Ausdauer verbessern, sollten Sie vor allem im aeroben Bereich trainieren. Dadurch gewöhnt sich der Organismus an diese Belastung und Form der Energiegewinnung und kann auch bei höheren Intensitäten einen großen Teil der notwendigen Energie auf aerobem Weg bereitstellen.

Daher gilt: Wer eine gute konditionelle Basis aufbauen möchte, sollte es langsam angehen. Das zählt für Sporteinsteiger, das gilt aber auch für den Jahreszyklus von Ausdauersportlern.

Lassen Sie es gemächlich angehen: Für Laufanfänger hat sich beispielsweise das »Jog-and-Run«-Programm bewährt, bei dem Sie abwechselnd laufen und gehen. So schaffen Sie es von Anfang an, möglichst lange »auf dem Laufenden« zu bleiben.

Der Aufbau der Muskelzelle

Jeder Muskel besteht aus einem Bündel von Muskelfasern. Für eine Kontraktion des Muskels müssen sich mehrere Fasern zusammenziehen. Ausgelöst wird die Kontraktion durch einen Befehl vom Rückenmark, der über einen Nervenimpuls an die motorische Endplatte weitergeleitet wird (siehe Grafik Seite 20). Dabei aktiviert eine Nervenzelle des Rückenmarks zwischen 5 (im Finger) und 2000 (im Rücken) Muskelzellen. Durch eine elektrochemische Reaktion zwischen der motorischen Endplatte und der Muskelzelle kommt es zur ATP-Spaltung in den Mitochondrien, den Kraftwerken der Zellen. Die frei werdende Energie nutzen die Aktin- und Myosinfilamente, um sich zusammenzuziehen.

*Verschiedene elektro-
chemische Reaktionen
sind notwendig, damit
der Muskel in Bewe-
gung kommt (Quelle:
Markworth 1983).*

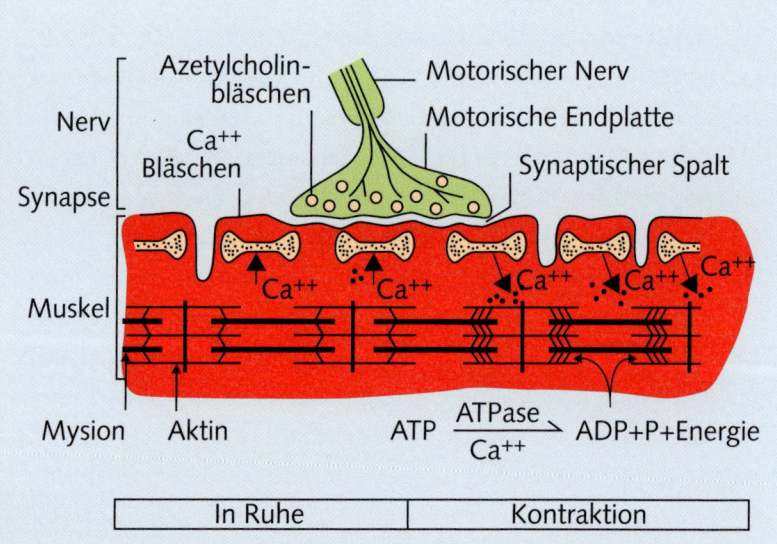

Ausdauer setzt auf
ein Zusammenwir-
ken von Muskel und
Fasern – ein Energie-
minimum soll ein
Leistungsmaximum
bringen. Mit dem
richtigen Fitness-
programm können
Sie außerdem die
Glykogenreservoirs
innerhalb der
Muskeln ver-
doppeln!

Die Muskelkoordination
verbessert sich

Bei dem Vorgang der Muskelkontraktion gilt das Alles-oder-nichts-
Gesetz: Eine einzelne Muskelzelle kann sich nur ganz oder gar nicht
zusammenziehen. Zu einer vollständigen Kontraktion des Muskels
kommt es, wenn sich viele Zellen in einem möglichst kurzen Zeitab-
stand nacheinander verkürzen.

Durch den kontinuierlich wiederkehrenden Bewegungsablauf beim
Ausdauertraining verbessert sich das Zusammenspiel der Muskeln
untereinander (intermuskulär) sowie auch das der einzelnen Fasern
innerhalb eines Muskels (intramuskulär). Der gesamte Bewegungsablauf läuft ökonomischer ab und verbraucht weniger Energie.

Die verschiedenen Muskelfasertypen

Die Skelettmuskulatur setzt sich grundsätzlich aus zwei verschiedenen Typen zusammen: nämlich den langsamen, roten, weil mit sauerstoffreichem Blut versorgten ST-Fasern (Slow Twitch = langsam zuckend), und den schnellen, weißen, weil sauerstoffarmen FT-Fasern (Fast Twitch = schnell zuckend). Die Verteilung der Faserarten ist genetisch bedingt und liegt in der Regel bei etwa 50:50. Die Umwandlung einer ST-Faser in eine FT-Faser oder umgekehrt ist übrigens nicht möglich.

Der große Vorteil für Ausdauersportler ist, dass die FT-Fasern sich an die vergleichsweise langsamen Bewegungen anpassen. Durch das Ausdauertraining kommt es nämlich zu einer verbesserten Durchblutung der gesamten Muskulatur und zu einer Vermehrung der Mitochondrien (Zellkraftwerke) – ungeachtet des Fasertyps. So bekommen auch die schnell kontrahierenden Fasern mehr Sauerstoff und können dadurch einen größeren Beitrag zur Ausdauerleistung erbringen.

> Der Ausspruch »Sprinter werden geboren, Langstreckler gemacht« hat durchaus seine Berechtigung. Denn wenn Sie von Geburt an eine geringere Anzahl von FT-Fasern besitzen, werden Sie nie besonders schnell vom Fleck kommen.

Maximale Sauerstoffaufnahme

Neben der Energiebereitstellung sind vor allem die Sauerstoffversorgung und die Atmung ganz entscheidend für eine gute Ausdauerfähigkeit. Denn je mehr Sauerstoff Sie zu den Muskeln befördern und je besser dieser dort aufgenommen werden kann, desto effektiver und ausdauernder kann auch die gesamte Muskulatur arbeiten.

Der Körper wird umso leistungsfähiger, je größer die so genannte maximale Sauerstoffaufnahme (Vo_2 max) ist. Diese ist abhängig von mehreren Faktoren (siehe dazu Kasten Seite 22). Maßgeblich für eine gute Ausdauer ist, dass alle inneren Vorgänge im Organismus miteinander harmonieren.

Die Sauerstoffversorgung hängt von vielen Faktoren ab: So kann etwa die Lunge nur mit voller Leistung arbeiten, wenn auch das Herz groß genug ist und genügend Blut in die Lungenflügel pumpt.

Das beeinflusst die Sauerstoffaufnahme

Interne Faktoren

▸ Lungenventilation: Wie gut wird die Lunge mit Sauerstoff versorgt?

▸ Diffusionskapazität der Lunge: Wie viel Sauerstoff kann das Blut in der Lunge aufnehmen?

▸ Herzminutenvolumen: Wie viel Blut pumpt das Herz in einer Minute aus den Kammern?

▸ Sauerstofftransportkapazität des Bluts: Wie viel Sauerstoff kann das Blut speichern?

▸ Periphere Sauerstoffverwertung: Wie viel Sauerstoff können die Muskeln vom Blut aufnehmen?

▸ Zusammensetzung der Muskelfasern

Externe Faktoren

▸ Art der Belastung (sehr intensiv – wenig intensiv)

▸ Größe der eingesetzten Muskelmasse

▸ Körperposition (z. B. die Sitzposition auf dem Bike, die Körperhaltung beim Skaten)

▸ Luftdruck

▸ Klima

(Quelle: verändert nach Zintl 1997)

Die Anpassung des Organismus

Um den Wandel von der Couch-Potatoe zum Ausdauersportler zu schaffen, muss sich in Ihrem Körper einiges ändern. Aber wie? Natürlich durch Training. Und ist dies systematisch aufgebaut, werden Sie schon nach kurzer Zeit schnelle Fortschritte machen. Wenn Sie es

z. B. als untrainierte Person gewohnt sind, mit dem Lift zu Ihrer Wohnung im fünften Stock zu fahren und stattdessen ausnahmsweise mal die Treppen nutzen, kommen Sie beim ersten Mal erschöpft an Ihrer Tür an. Steigen Sie jedoch zwei bis drei Wochen lang regelmäßig die Stufen hoch, müssen Sie sich danach nicht mehr auf dem Sofa ausruhen. Sowohl Ihre Muskeln als auch Ihr Herz-Kreislauf-System haben sich angepasst. Das Gleiche passiert, wenn Sie kontinuierlich Sport treiben.

Das Herz arbeitet rationeller

Bei wohl keinem anderen Organ werden die positiven Effekte des Ausdauertrainings so deutlich wie bei unserem »Zentralorgan«. Ein untrainiertes Herz schlägt im Schnitt 75-mal pro Minute, also 100 000-mal am Tag, bei einem Lebensalter von 70 Jahren demnach rund drei Milliarden Mal. Durch regelmäßiges Training kann sich der Ruhepuls z. B. auf 50 Schläge pro Minute reduzieren. Das bedeutet, das Herz spart fast 30 000 Schläge pro Tag, im Jahr muss es gut zehn Millionen Mal weniger pochen. Kein Wunder, dass ein trainiertes Herz auch im Alter nicht so schnell schlappmacht.

Die Auswirkungen in Zahlen

Die weiteren Auswirkungen auf Ihr Herz sind:

▶ Der Ruhepuls sinkt von 60 bis 80 Schlägen pro Minute bei Untrainierten auf 50 bis 35 Schläge bei Sportlern. Gleichzeitig verringert sich der Puls bei Belastungen.

▶ Der Herzmuskel benötigt weniger Sauerstoff, er arbeitet also deutlich ökonomischer.

▶ Das Herzschlagvolumen, die Menge Blut, die pro Schlag in die Adern gepumpt wird, steigt von 55 bis 110 Milliliter auf 100 bis 220 Milliliter. Das Herz erzielt dadurch eine größere Leistung.

Regelmäßiges Joggen ist ideal zur Kräftigung des Herzes. Der Ruhepuls beim Ausdauerlauftraining kann bis zu 20 Schläge pro Minute reduziert werden. Das bedeutet im Klartext: Sie sorgen so für weniger Verschleiß und damit für eine längere Leistungsfähigkeit Ihres Herzes.

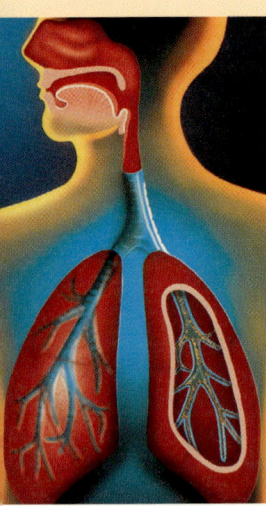

Positiver Neben-
effekt beim Ausdau-
ertraining: Einherge-
hend mit der
Erhöhung der Blut-
zufuhr wird auch die
Sauerstoffzufuhr im
Gehirn gesteigert.
Und das macht
einen klaren Kopf:
Sie werden geistig
frischer, und Ihre
Aufnahmefähigkeit
steigt.

*Die Lungenflügel
eines Erwachsenen
wiegen etwa
1100 Gramm.*

▸ Es bildet sich das so genannte Sportlerherz, das durch eine Gesamtvolumenvergrößerung von 750 bis 850 Milliliter auf 950 bis 1200 Milliliter, ein Wachstum der Herzmuskulatur sowie eine verbesserten Durchblutung gekennzeichnet ist.

Auswirkungen auf das Blut

Das Blut hat für das Ausdauertraining die wichtige Funktion, den Sauerstoff von der Lunge zu den Muskeln zu transportieren. Das passiert praktisch in einem Huckepackverfahren. Die roten Blutkörperchen (Erythrozyten) nehmen in der Lunge den Sauerstoff auf und lassen sich durch die Arterien bis zum Muskel treiben, wo sie den Sauerstoff abliefern.

Folgende Anpassungen führen zu einer größeren Anzahl von roten Blutkörperchen und somit einem höheren Sauerstofftransport und steigern die Ökonomie der Blutversorgung:

▸ Das Blutvolumen steigt von 4,7 bis 5,6 Liter auf 6,0 bis 7,4 Liter (Werte bei einem Mann).

▸ Der Blutdruck in Ruhe sinkt von durchschnittlich 135/78 mmHg auf 120/65 mmHg.

▸ Der Hämatokritwert, der die Zahl der im Blut vorhandenen Blutkörperchen beschreibt, sinkt von 45 auf 42 Prozent. Das bedeutet, das Blut wird dünnflüssiger und strömt mit einem geringeren Widerstand durch die Adern.

▸ Die »Pufferkapazität« erhöht sich. So bezeichnen Sportwissenschaftler die Fähigkeit, auch bei einer starken Laktatkonzentration weiterhin intensiv die Muskeln zu belasten.

▸ Die Kalium- und Kalziumkonzentrationen steigen, die beide eine wichtige Rolle bei der Auslösung von Muskelkontraktionen spielen. Kalium ist zudem für den Energiestoffwechsel der Glukose entscheidend.

Auswirkungen auf die Lunge

Damit das Blut den eingeatmeten Sauerstoff aufnehmen kann, müssen die Kontaktzeit und -fläche zwischen roten Blutkörperchen und Atemluft möglichst groß sein. Daher passen sich auch die Lungenflügel durch das Training an.

▸ Die Respirationsfläche, d. h. der Bereich, in dem der Sauerstoff in den Lungenbläschen (den Alveolen) Kontakt mit den Kapillaren (den feinsten Äderchen) hat, vergrößert sich.

▸ Gleichzeitig steigt die Anzahl der Kapillaren.

▸ Der Sauerstoff gelangt leichter von den Alveolen in die Kapillaren und somit ins Blut.

▸ Die Lungenvenen und -arterien weiten sich und können so den durch das kräftigere Herz vermehrten Blutstrom verarbeiten.

▸ Die Atmung arbeitet effektiver, d. h., aus einer bestimmten Menge Luft kann mehr Sauerstoff ins Blut aufgenommen werden.

▸ Insgesamt verbessert sich die Lungenvitalkapazität (Volumen, das nach tiefster Einatmung maximal wieder ausgeatmet werden kann) von 5,8 auf 6,2 Liter.

Wenn Sie regelmäßig trainieren, haben Sie buchstäblich den längeren Atem: Das Atemminutenvolumen eines Ausdauersportlers kann bis zu doppelt so hoch sein wie das eines Untrainierten!

Atmen Sie auf! Die tägliche Ventilation der Lunge beträgt mindestens 10 000 Liter Luft.

Weitere Auswirkungen auf den Organismus

▸ Verbesserung der aeroben Glukoseverwertung und Zunahme des Anteils der Fettverbrennung am Energieumsatz.

▸ Vergrößerung der Energiespeicher. Das Glykogendepot in den Muskeln wächst von 350 auf 600 Gramm.

▸ Die Zahl der Mitochondrien und der Enzyme in den Muskelzellen, die für die Sauerstoffverwertung zuständig sind, steigt an.

▸ Abnahme des Körperfettanteils von 15 bis 25 Prozent auf 6 bis 13 Prozent bei Männern; bei Frauen von 23 bis 30 Prozent auf 12 bis 20 Prozent.

▸ Erhöhung der Durchblutung von Skelett- und Herzmuskulatur sowie des Gehirns bei Belastung.

▸ Anstieg der Muskelkraft (Kraftausdauer), da der Durchmesser, insbesondere der langsam kontrahierenden ST-Fasern, steigt.

Auch der Kreislauf profitiert

Beim Ausdauertraining verändert sich vieles in Ihrem Körper – und zwar zum Positiven: So wird dadurch u. a. Ihr Herzvolumen vergrößert, Ihr Blutzuckerhaushalt reguliert, Ihr Körperfettanteil reduziert, und Ihre Knochen werden kräftiger.

Ähnliche Auswirkungen wie auf die Lunge hat das Training auf das Kreislaufsystem. Denn hier stellt sich das gleiche Problem: Um den Sauerstoff möglichst effektiv an die Muskelzellen zu verteilen, steigen auch hier die Kontaktzeit und -fläche:

▸ Die Kapillarisierung in den Skelettmuskeln nimmt zu. Es bilden sich neue Äderchen, und die schon vorhandenen vergrößern ihre Ausdehnung. Die Fläche der Muskelkapillare steigt z. B. von 200 bis 300 Quadratmillimeter (mm²) auf 300 bis 500 mm².

▸ Zugleich bilden sich neue Kollaterale, also Umgehungsgefäße neben den Hautadern, die diesen einen Teil der Arbeit abnehmen.

▸ Die intramuskuläre Blutverteilung wird optimiert. Das Blut wird dahin geschickt, wo es gerade benötigt wird. Gefäße, die momentan untätige Muskeln versorgen, ziehen sich zusammen.

So kriegen Sie Ihr Fett weg

Eine der wichtigsten Motivationen, um mit einer Ausdauersportart zu beginnen, ist der Aspekt des Fatburning. Denn nichts eignet sich so gut und ist so nachhaltig Erfolg versprechend, wenn es darum geht, ein paar Pfunde auf der Strecke zu lassen, wie die tägliche Portion Sport. Immerhin 40 Prozent der deutschen Bevölkerung leiden an Übergewicht. Wenn Sie mit Diäten bisher gescheitert sind, sei es, weil sie einseitig oder weil sie langweilig waren, ist das Ausdauertraining Ihre Rettung. Schließlich bedeutet eine Diät immer, auf etwas zu verzichten; so eine Diät hat niemals langfristige Auswirkungen auf den Energiestoffwechsel. Das führt zu dem berüchtigten Jo-Jo-Effekt, und nach wenigen Wochen sind die mühsam abgehungerten Kilos meist wieder drauf. Beim Sport drehen Sie dagegen den Spieß einfach um. Denn durch die Bewegung verbrennen Sie mehr Energie und brauchen sich nicht so viele Kalorien vom Munde abzusparen. Die vorher beschriebenen positiven Auswirkungen des Trainings nehmen Sie trotzdem mit – sozusagen im Vorbeilaufen.

Diätfrust muss nicht sein: Probieren Sie neben dem Ausdauertraining mal »Die neue FIT FOR FUN-Diät« von Dörte Helberg, erschienen im Südwest Verlag. Hungergefühle kommen da keine auf: Neben mindestens fünf nicht zu knappen Mahlzeiten pro Tag gibt es zwei köstliche Zwischensnacks.

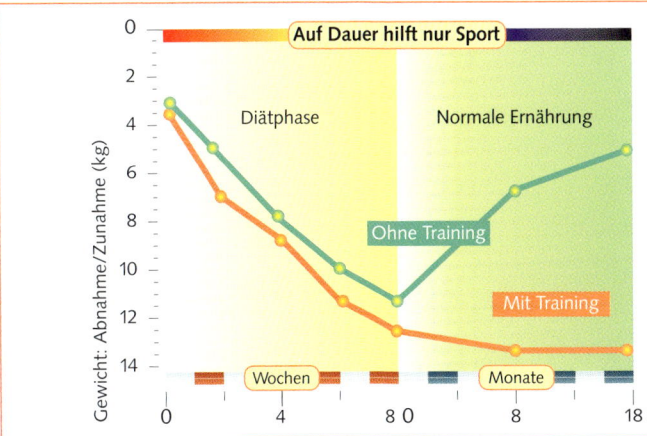

Der Teufelskreis herkömmlicher Diäten: Wird wieder auf normale Ernährung umgestellt, steigt das Gewicht. Mit Training nehmen Sie dagegen weiter ab (Quelle: FIT FOR FUN 01/99).

Nach modernen Erkenntnissen gilt der Bodymass-Index als der ideale Messwert für das Körpergewicht. Passé ist dagegen die alte Rechnung: Körpergröße in Zentimeter minus 110 = Idealgewicht.

Stichwort »Bodymass-Index (BMI)«

Bevor Sie sich vornehmen, ab jetzt radikal die Pfunde purzeln zu lassen, sollten Sie erst mal überprüfen, wie Sie derzeit dastehen. Und dafür reicht nicht der tägliche Gang auf die Waage. Das Gewicht muss in Relation zur Größe betrachtet werden.

Als bester Indikator für Übergewicht hat sich der Bodymass-Index (BMI) erwiesen. Lesen Sie Ihren Wert in der Grafik unten auf der Gerade zwischen Größe und Gewicht ab.

▶ Als optimal gelten Werte zwischen 20 und 25.

▶ Bis zu einem BMI von 30 haben Sie leichtes bis mittleres Übergewicht.

▶ Erst bei einem Wert von über 30 ist eine Diät in Verbindung mit viel Bewegung Pflicht.

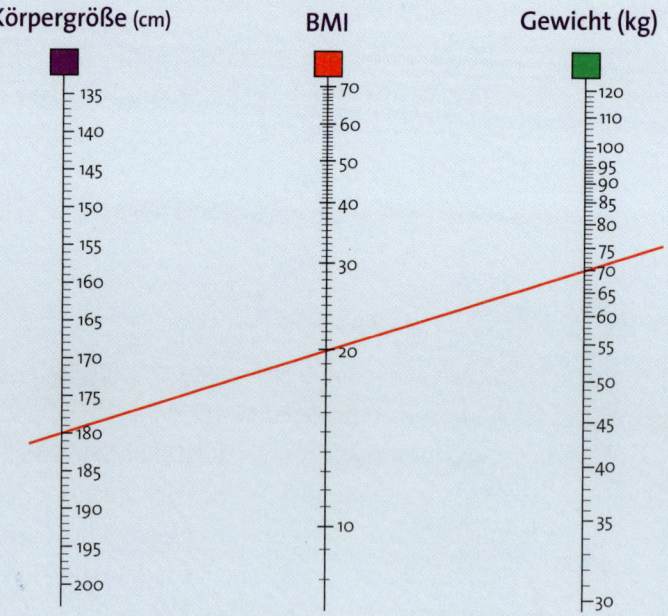

Der Bodymass-Index (BMI): Lesen Sie Ihren Wert auf der Geraden zwischen Größe und Gewicht ab (Quelle: FIT FOR FUN 04/00).

Grundlagen der Fettverbrennung

»Ab heute beginnt für mich ein neues Leben!« Mit diesem Vorsatz starten viele, die mit Joggen, Biken, Skaten oder Schwimmen die Wandlung von vollschlank zu rank und schlank zu vollziehen versuchen. Und obwohl sie sich geschunden, gequält und gegeißelt haben – nach ein paar Wochen geben etliche wieder auf. Zu groß sind die Qualen, zu niedrig der Ertrag.

Tempo machen bringt nichts

Das Problem: Fast alle trainieren zu schnell! Denn bei intensiver Arbeit verbrennen sie fast nur Kohlenhydrate. Und die kleinen – oder größeren – Polster an den Hüften bleiben unangetastet. Der Körper kann bei Bewegung nämlich vier Energiespeicher »anzapfen«. Stellen Sie sich vor, diese Speicher sind durch verschiedene Schläuche mit dem Muskel verbunden (siehe Grafik Seite 30). Die Leitung mit dem größten Durchmesser führt zu dem kleinsten Akku, dem Kreatinphosphat. Dieses steht dem Muskel daher sofort zur Verfügung, ist jedoch schnell leer. Etwas länger dauert es, bis die anaerobe und aerobe Energiegewinnung aus dem Zucker beginnt. Erst der letzte und dünnste Schlauch führt zu dem größten Speicher, dem Fett.

Besser mäßig und regelmäßig

Wissenschaftler hielten sich daher lange Zeit an den Grundsatz, dass erst nach etwa einer halben Stunde die Fettverbrennung eine entscheidende Rolle spielen könne. Neuere Studien der Deutschen Sporthochschule in Köln belegen dagegen, dass die Muskeln, insbesondere bei gut trainierten Sportlern, schon viel früher Fett verbrennen. Die einzigen Voraussetzungen dafür sind, dass Sie regelmäßig Ihre Kondition trainieren und die Belastungen richtig dosieren.

> Fürs Fatburning ist es besser, die Belastung nicht zu hoch zu dosieren. Denn je niedriger die gewählte Intensität ist, desto sicherer können Sie sein, dass Sie sich im aeroben Bereich bewegen.

Der Muskel wird von vier Energiequellen gespeist. Durch Training kann der Körper leichter auf die Fettreserven zurückgreifen.

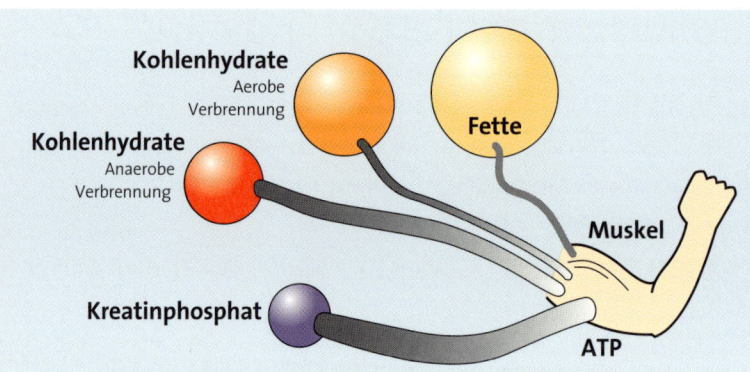

Zudem sorgt Ausdauertraining dafür, dass der »Schlauch« der Fettdepots zu den Muskeln dicker wird. Die Fettreserven stehen dem Körper in größerem Ausmaß und bei höheren Belastungen zur Verfügung. Bei Weltklassemarathonläufern liefert das Fett immerhin 70 Prozent der gesamten Energie: Werte, die normale Freizeitsportler nicht erreichen werden. Aber je mehr ruhige Dauerläufe, entspannte Radfahrten oder lockere Inlinetouren Sie in Ihren Trainingsplan einbauen, desto mehr zapfen auch Sie die überflüssigen Pfunde an.

Der Nachbrenneffekt – in Ruhe Fett verbrennen

Nach dem Training müssen die Muskeln ihre geplünderten Depots wieder auffüllen. Die während der Arbeit angefallene Milchsäure muss entsorgt und die erhöhte Temperatur langsam wieder runtergeregelt werden. Das kostet Energie – die wird aus den Tanks geliefert, die am größten sind: den Fettstoffdepots. Also selbst in der Phase des Entspannens schmilzt noch Fett. Und zwar umso mehr, je intensiver das Training war. Außerdem steigt Ihr Grundumsatz, denn durch die Bewegung trainieren Sie sich mehr Muskelmasse an, wodurch der Energieverbrauch steigt.

Absoluter und relativer Fettverbrauch

Wer durch Sport abnehmen möchte, muss es also langsam angehen lassen. Dieser Grundsatz gilt vor allem für Anfänger. Sind Sie schon länger dabei, dürfen Sie natürlich einen Gang höher schalten und werden trotzdem schön schlank – Ihr Fettstoffwechsel hat sich angepasst, der Anteil der Fettkalorien an der Energiebereitstellung steigt. Bei einer Belastung mit einem Laktatwert von zwei Millimol (mmol) pro Liter Blut ist der relative Anteil der Fettkalorien am gesamten Energiebedarf am größten.

Steigt die Belastung, also wird z. B. das Tempo gesteigert oder wird beim Laufen, Skaten oder Biken das Gelände anspruchsvoller, steigt auch der Laktatwert. Damit sinkt der relative Anteil Fettverbrennung, die Kohlenhydratdepots werden stärker in die Pflicht genommen. Doch trotzdem kann der absolute Anteil der verbrauchten Fettkalorien steigen.

Haben Sie mit einem Einsteigerprogramm erst einmal Ihren Fettstoffwechsel auf Vordermann gebracht, lohnt sich tatsächlich jeder Schritt.

Untrainierte erreichen den absolut höchsten Wert der Fettverbrennung bereits bei 35 Prozent ihrer Leistungsfähigkeit. Ab 65 Prozent verbrennen fast nur noch Kohlenhydrate. Anders beim Trainierten. Hier verbrennt der Organismus bei 75 Prozent der Leistungsfähigkeit am meisten Fett (Quelle: FIT FOR FUN).

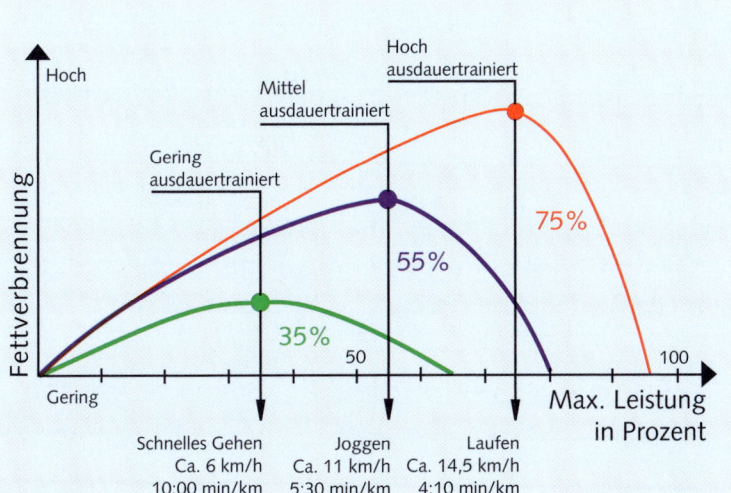

Fettkiller Sport

Sportart	Verbrauch*	Verbrauch pro Stunde (Körpergewicht in Kilogramm)				
		50 kg	60 kg	70 kg	80 kg	90 kg
Laufen						
1 km in 7 min	0,135	405	486	567	648	729
1 km in 5:30 min	0,193	579	695	811	926	1042
1 km in 5 min	0,208	624	749	874	998	1123
1 km in 4:30 min	0,223	669	803	937	1070	1204
Biken						
9 km/h	0,064	192	230	269	307	346
15 km/h	0,100	300	360	420	480	540
25 km/h	0,176	528	634	739	845	950
30 km/h	0,211	633	760	886	1013	1139
Schwimmen						
Rücken	0,169	507	608	710	811	913
Brust	0,162	486	583	680	778	875
Kraul – langsam	0,128	384	461	538	614	691
Kraul – schnell	0,156	468	562	655	749	842
Inlineskaten						
14,5 km/h	0,119	357	428	500	571	643
20,9 km/h	0,199	598	717	837	956	1076
24,1 km/h	0,239	717	860	1004	1147	1291

Die Tabelle zeigt, wie viel Energie für unterschiedliche Bewegungen benötigt wird. Ihren individuellen Verbrauch berechnen Sie, indem Sie den Wert in der Spalte »Verbrauch« mit Ihrem Körpergewicht (in Kilogramm) und der Belastungsdauer (in Minuten) multiplizieren. (* Kilokalorien pro Minute pro Kilogramm Körpergewicht)

Ein Rechenbeispiel

Ein gut trainierter Läufer joggt eine Stunde lang mit einem Tempo von zehn Stundenkilometern. Aufgrund seines guten Trainingszustands liegt sein Laktatwert bei 2 mmol/l, der Anteil der Fettkalorien an der Fettverbrennung beträgt etwa 60 Prozent. Insgesamt verbraucht ein 70 Kilogramm schwerer Läufer mit einem Tempo von 5:30 Minuten pro Kilometer in der Stunde 811 Kilokalorien. Einfache Rechnung: 60 Prozent von 811 Kilokalorien = 487 Fettkilokalorien.

Nun steigert der Läufer sein Tempo auf 4:30 Minuten pro Kilometer und läuft ebenfalls 60 Minuten. Diese Geschwindigkeit liegt knapp über seinem Marathontempo. Der Laktatwert steigt deutlich über 4 mmol/l, der Gesamtkalorienverbrauch auf 937 Kilokalorien. Der Anteil der Fettverbrennung an der Energiebereitstellung sinkt jedoch auf 40 Prozent, der Rest der Energie wird durch die Kohlenhydrate abgedeckt. Die Rechnung: 40 Prozent von 937 Kilokalorien = 375 Fettstoffkilokalorien. Differenz: Trotz höherem Tempo und einem erhöhten Laktatwert werden 112 Fettstoffkalorien weniger verbrannt.

Die Belastung mit Bedacht dosieren

Jetzt werden die Apostel des Fatburn-Trainings rufen: »Na prima, dann laufe ich einfach flotter, und schon bekomme ich mein Fett schneller weg.« Doch langsam. So einfach ist es nicht.

▶ Erstens: Um ein flotteres Tempo durchhalten zu können, müssen natürlich auch die Muskeln, Bänder und Sehnen an die erhöhte Belastung angepasst sein.

▶ Zweitens: Man darf den Zeitfaktor nicht außer Acht lassen. Denn ein hohes Tempo, bei dem der Laktatanfall die Grenze von 4 mmol/l deutlich überschreitet, kann nicht sehr lange durchgehalten werden. Kürzere Laufzeit bedeutet aber auch weniger Gesamtkalorien. Und dies bedeutet auch einen geringeren Verbrauch an Fettstoffkalorien.

Wenn Sie nicht so genau kalkulieren wollen wie im Rechenbeispiel, gehen Sie nach folgender Faustregel vor: Pro zurückgelegtem Laufkilometer werden so viele Kilokalorien verbrannt, wie Sie in Kilogramm wiegen.

Powern wie die Profis – für Einsteiger leider der falsche Weg!

Also, ein vernünftiges Fatburn-Training gerade bei Anfängern sollte immer im unteren Intensitätsbereich stattfinden. Läufer, Skater, Biker oder auch Schwimmer, die so trainiert sind, dass sie ein höheres Tempo über einen längeren Zeitraum halten können, ohne dass die Muskulatur übersäuert, haben meist keine Probleme, ihr Körpergewicht und die kleinen Fettpolster in den Griff zu kriegen.

Der Schlüssel zur Traumfigur ist also die kontinuierliche Bewegung, allerdings mit kleinen Trainingsspitzen. Denn zur Fettverbrennung sind bestimmte Enzyme wichtig. Die Anzahl dieser Enzyme steigt jedoch nur bei einer anaeroben Belastung, aktiv werden sie aber ausschließlich im Bereich der aeroben Energiebereitstellung. Daher sind Trainingsspitzen, die in den anaeroben Bereich gehen, für ein gutes Fatburning-Ergebnis absolut notwendig.

Sport und Alkohol

Keine gute Kombination, weder was den Aufbau der Kondition noch was erwünschten Fettabbau angeht. Auch wenn nach dem Training oder an Ruhetagen natürlich nichts gegen ein frisch gezapftes Bier oder ein gemütliches Glas Wein einzuwenden ist, verlängert übermäßiger Alkoholgenuss die Regenerationszeit der Energiespeicher von 24 Stunden auf zwei bis drei Tage.

Der Grund ist, dass nach jeder Mahlzeit dem Körper ein Nährstoffgemisch zur Verfügung steht, das nur selten genau dem entspricht, was die Zellen gerade benötigen. Die Nährstoffe müssen zwischengelagert und dann dosiert wieder abgegeben werden. Dafür ist die Leber verantwortlich. Diese ist aber nur bedingt funktionstüchtig, wenn sie schon mit dem Alkoholabbau beschäftigt ist. Außerdem entzieht der Abbau des Alkohols dem Körper zusätzliches Wasser und damit auch Mineralien. Stoßen Sie nach dem Training also lieber mit einem alkoholfreien Bier an.

Einfache Formel fürs Abnehmen beim Ausdauersport: »Laufen ohne Schnaufen.« Denn gehen Sie länger über Ihre Grenzen hinaus, greift der Körper auf die schnell verfügbaren Kohlenhydratreservoirs zurück, und die Fettreserven bleiben unangetastet. Kleine Belastungsspitzen sind dagegen ideal.

Das Sieben-Kilokalorien-Programm

Zugegeben, nur durch Sport wird der Zeiger auf Ihrer Waage sich nicht im freien Fall nach unten bewegen. Denn um ein Kilogramm Fett abzubauen, muss eine 70 Kilogramm schwere Person etwa 13 Stunden lang joggen. Optimal ist ein gut aufeinander abgestimmtes Programm aus Bewegung und Ernährung. Betrachten Sie Ihr Energiekonto wie Ihr Bankkonto. Hier dürfen Sie allerdings das, was auf der Bank für unangenehme Gespräche sorgt: mehr abheben, weniger einzahlen. Konkret heißt das:

▸ In Zukunft verbrauchen Sie zusätzlich zum normalen Alltag sieben Kilokalorien pro Kilogramm Körpergewicht durch sportliche Bewegung.

▸ Gleichzeitig sparen Sie beim Essen sieben Kilokalorien pro Kilogramm Körpergewicht ein.

▸ Also sparen Sie insgesamt 14 Kilokalorien pro Kilogramm Körpergewicht.

Für eine 70 Kilogramm schwere Person bedeutet dies, dass sie pro Tag etwa 490 Kilokalorien abtrainiert (das entspricht etwa 30 Minuten Dauerlauf oder 40 Minuten Biken) und noch einmal die gleiche Kalorienzahl weniger isst, z. B. indem sie auf ein Stück Kuchen (120 Gramm Schokoladensahnetorte haben 420 Kilokalorien) verzichtet. Mit diesem Powerplan verlieren Sie pro Monat etwa 1,5 Kilogramm an Gewicht. Und das ist genau die von der Gesellschaft für Ernährung empfohlene Größenordnung und gesundheitlich unbedenklich.

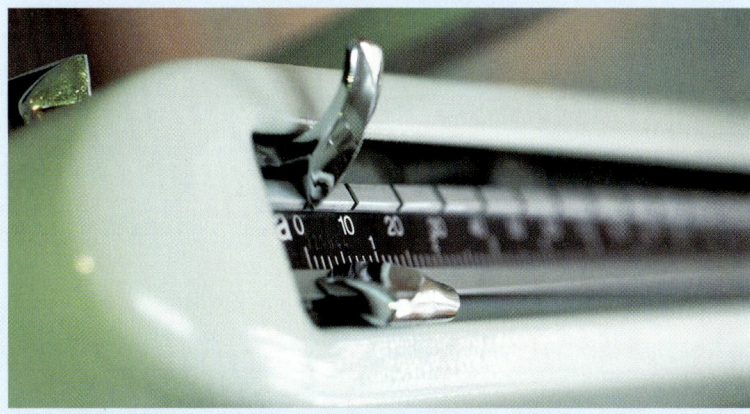

Zeigen Sie's der Waage – mit diesem Programm kein großes Problem.

Wer seinem Körper Leistung abverlangt, muss sich auch gesundheitsbewusst und hochwertig ernähren.

Nährstoffe für Figur und Fitness

Auf die Zusammen-
stellung kommt es an

Frauen und Fitness-
food: Mineralstoffe
sind wichtig für den
Sport – und da heißt
es für Frauen aufge-
passt. Denn Eisen-
und Kalziummangel
ist ein typisches
»Frauenleiden«. Also
gezielt einkaufen:
Eine Extraportion
Eisen steckt in
Fleisch, Hülsenfrüch-
ten, Pilzen, Spinat,
Schwarzwurzel und
Fenchel, Kalzium in
Milch- und Milch-
produkten, Käse,
Grünkohl und
Brokkoli.

Das Richtige essen und trinken

Um sportliche Höchstleistungen zu vollbringen, muss der Körper nicht nur gut trainiert sein, sondern auch über quantitativ und qualitativ guten Brennstoff verfügen. Diese Energie wird ihm durch die Nahrung zugeführt. Egal, ob während der Vorbereitung, im Wettkampf oder in der Regenerationsphase – nur mit einer gezielten Ernährung schafft es der Körper, die hart antrainierte physiologische Leistungsfähigkeit voll auszuschöpfen. Das Überangebot an Nahrung, das in den meisten Ländern der westlichen Welt herrscht, erfordert jedoch eine kontrollierte Kalorienaufnahme. Um dabei noch jeden der ca. 50 notwendigen Nährstoffe in ausreichendem Maß zu sich zu nehmen, ist vor allem die Qualität der Nahrung entscheidend.

Sportler sind besser ernährt

Den Vorteil eines aktiven Lebensstils verdeutlicht dabei folgendes Beispiel: Während Menschen, die keinen Sport treiben und im Berufsleben nur einer leichten körperlichen Tätigkeit nachgehen, einen täglichen Kalorienbedarf von etwa 2000 Kilokalorien haben (die Bezeichnungen Kilokalorien und Kalorien werden in diesem Buch synonym verwendet), verbrauchen Sportler zwischen 3000 und 4000 Kilokalorien – bis hin zu 10 000 Kilokalorien während einer Bergetappe bei der Tour de France. Wird dieser höhere Energieverbrauch durch die Nahrung ausgeglichen, steigen damit die Chancen, dass in dem Essen genügend Nährstoffe vorhanden sind.

Die ausgewogene Nährstoffbilanz

Früher wurde vor allem Wert auf das Verhältnis von Kohlenhydraten, Eiweißen und Fetten (energieliefernde Nährstoffe) gelegt. Inzwischen hat sich aber die Erkenntnis durchgesetzt, dass auch nicht energieliefernde Stoffe wie Vitamine und Mineralien dringend notwendig (essenziell) sind. Diese kann der Körper nicht selbst herstellen, sie sind für viele Stoffwechselfunktionen aber unbedingt erforderlich. Eine zeitgemäße Kost sollte demnach kohlenhydratreich, fettarm und mit hochwertigen Eiweißen versehen sein sowie besonders viel Vitamin B, Magnesium, Kalium, Zink und Eisen beinhalten.

Der Grund- und der Leistungsumsatz

Der tägliche Kalorienbedarf hängt von zwei Faktoren ab. Zum einen vom Grundumsatz, also davon, wie viele Kalorien der Körper für die lebenswichtigen Funktionen, wie etwa Herzschlag und Atmung, benötigt, und wie viel die Muskeln verbrauchen, um das Skelett in Form zu halten. Hinzu kommt der Leistungsumsatz. Dieser steigt, je mehr Sie sich bewegen oder Sport treiben. Mit folgenden Formeln berechnen Sie Ihren individuellen Bedarf:

Grundumsatz

▸ 18 – 30 Jahre: 14,7 x Gewicht + 496 = Grundumsatz
▸ 31 – 60 Jahre: 8,7 x Gewicht + 829 = Grundumsatz

Leistungsumsatz

▸ *Kopfarbeiter*: Treibt kaum Sport, bevorzugt das Auto gegenüber einem Spaziergang und arbeitet hauptsächlich im Sitzen oder Stehen.
Gesamtbedarf = Grundumsatz x 1,4
▸ *Mäßig aktiv*: Bewegt sich regelmäßig und packt auch mal bei der Gartenarbeit kräftig zu.
Gesamtbedarf = Grundumsatz x 1,7
▸ *Sehr aktiv*: Geht einer körperlich harten Arbeit nach und treibt viel Sport oder geht häufiger als viermal pro Woche ins Fitnessstudio.
Gesamtbedarf = Grundumsatz x 2,0

Optimales Food für Figur und Fitness: Algen. Sie sind ein kalorienarmer Powermix aus Eiweiß, Mineralstoffen, Spurenelementen und Vitaminen. Kraftsportler können damit schnell Muskeln aufbauen, Ausdauersportler bleiben länger fit. Und nach dem Training helfen sie den Muskeln dabei, sich schnell wieder zu regenerieren.

Kohlenhydratreiche Nahrung bildet die Basis einer gesunden Ernährung. An zweiter Stelle stehen Obst und Gemüse, gefolgt von Milchprodukten, Fleisch, Fisch und Geflügel. Das Sahnehäubchen sind die Süßigkeiten.

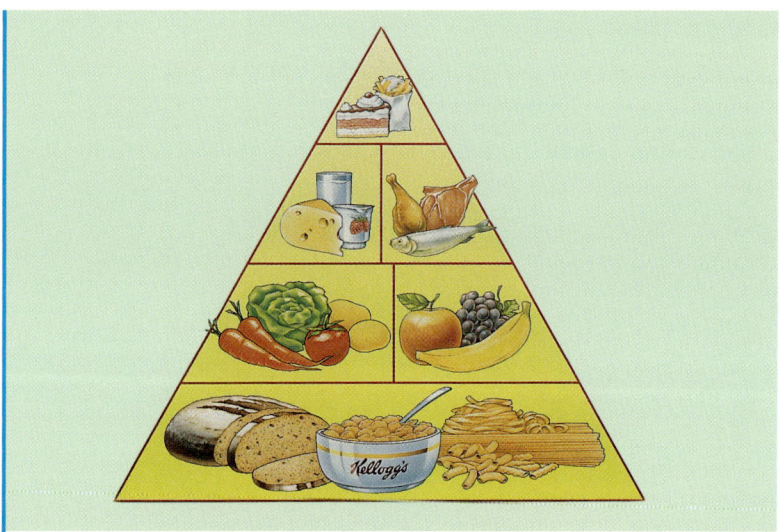

Ein hoher Anteil Kohlenhydrate steckt in Teigwaren, Haferflocken, Hirse, Reis, Kartoffeln, Linsen und Bohnen. Letztere liefern außerdem eine Extraportion nicht verwertbare Kohlenhydrate, d. h. Ballaststoffe, die nebenbei noch für eine gesunde Verdauung sorgen.

Kraftstoff Kohlenhydrate

Kohlenhydrate werden dem Körper in Form von Zucker oder Stärke zugeführt und sind der wichtigste Energielieferant für Sportler. Außerdem können Kohlenhydrate sowohl aerob (mit Sauerstoff) als auch anaerob (ohne Sauerstoff) verbrannt werden. Sie ermöglichen, bezogen auf den Sauerstoffverbrauch, eine höhere Energieausbeute als Fette oder andere Energielieferanten. So haben Fette zwar einen höheren Energiegehalt je Gewichtsanteil, für die Verbrennung wird aber wesentlich mehr Sauerstoff benötigt.

Schnelle Energie aus Glukose

Die Kohlenhydrate werden in Leber und in Muskeln in Form von Glykogen (= Speicherglukose) gespeichert. Das Glykogen in der Leber wird dabei genutzt, um den Blutzuckerspiegel zwischen den Mahlzeiten konstant zu halten. In den Muskeln werden pro 100 Gramm

Masse ein bis drei Gramm Glykogen gespeichert. Dies entspricht einer durchschnittlichen Gesamtmenge von 400 Gramm Glykogen, das den Muskeln als Energielieferant zur Verfügung steht. Für Ausdauersportler ist ein großes Glykogendepot entscheidend, da nach einer Entleerung dieses Speichers die Fette angezapft werden und dann die Trainingsintensität gedrosselt werden muss. Mit einer kohlenhydratreichen Kost erhöhen Sie den Glykogengehalt der Muskulatur und schaffen so die Basis für eine gute Ausdauer.

Saccharide versüßen das Leben

Sämtliche Kohlenhydrate sind nach dem gleichen Muster aufgebaut. Sie bestehen aus einer unterschiedlichen Anzahl von Bausteinen, den so genannten Sacchariden. Man unterscheidet folgende Gruppen:

▶ Einfachzucker (Monosaccharide): Trauben-, Fruchtzucker und Galaktose (Bestandteil des Milchzuckers)

▶ Zweifachzucker (Disaccharide): Haushaltszucker aus Zuckerrüben oder -rohr, Malzzucker (Maltose) und Milchzucker (Laktose)

▶ Mehrfachzucker (Oligosaccharide): kürzere Kohlenhydratketten mit sieben bis zehn Sacchariden (z. B. Maltodextrin)

▶ Vielfachzucker (Polysaccharide): Ketten von Einfachzucker, z. B. Stärke und Ballaststoffe wie Zellulose und Pektin

Kurz vor einem Wettkampf füllen viele Ausdauersportler mit dem so genannten Carbo-Loading ihren Kohlenhydratspeicher bis zum Limit auf: Die Depots werden durch eine lange Trainingseinheit vollständig entleert und anschließend mit einer besonders kohlenhydratreichen Ernährung bis über die alten Grenzen hinaus aufgefüllt. Danach reduzieren sie das Training, nehmen aber weiterhin kohlenhydratreiche Nahrung zu sich.

(Quelle: Hamm 2001)

Monosaccharide	Fruktose	Glukose	Galaktose
Disaccharide	Saccharose (Rohr- oder Rübenzucker)	Maltose (Malzzucker)	Laktose (Milchzucker)
	Mehr als 1000 Bausteine Glukose		
Polysaccharide	Zellulose	Stärke	Glykogen

Für Freizeitsportler macht das Carbo-Loading nicht viel Sinn. Ratsam ist eine solche Maßnahme nur vor Wettkampf-belastungen von über 90 Minuten Dauer. Außerdem sollten Sie diese »Superkompensa-tion« für die Kohlen-hydrate nicht öfter als zwei- bis dreimal pro Jahr anwenden.

Der richtige Nahrungsmix

Im Durchschnitt machen die Kohlenhydrate etwa 45 Prozent der gesamten Nahrung aus. Für Ausdauerathleten empfiehlt es sich, diesen Anteil auf 50 bis 60 Prozent zu erhöhen.

Insbesondere während der Trainingsphase hat sich dabei ein hoher Anteil von Stärke und Ballaststoffen, wie sie z. B. in Getreide, Kartoffeln und Hülsenfrüchten enthalten sind, bewährt. Denn durch die Ballaststoffe verlängert sich die Verweildauer der Nahrung im Magen, und das Sättigungsgefühl hält länger vor. Brot, Reis, Nudeln, Kartoffeln und Gemüse sind eine erstklassige Energiequelle für Sportler, da sie neben der Stärke auch reich an Vitaminen und Mineralstoffen sind. Das Sportlermüsli am Morgen und der Teller Spaghetti am Abend sind also ein hervorragendes Rahmenprogramm für eine gesunde, leistungsfördernde Kost. Dazwischen sollten Sie die Nahrung auf mehrere kleinere Portionen verteilen und mit Obst als Zwischenimbiss den Vitamin- und Mineralstoffbedarf abdecken. So halten Sie Ihren Blutzuckerspiegel den ganzen Tag über konstant und können sich besser konzentrieren. Für eine komplette Auffüllung des Kohlenhydratdepots benötigt der Körper dabei mindestens 24 Stunden.

Fett – besser als sein Ruf

Unabhängig vom Trainingszustand sind die Fettreserven das größte Energiereservoir jedes Menschen. Immerhin enthält ein Kilogramm Körperfett rund 7000 Kilokalorien. Obwohl Ausdauersportler insgesamt einen deutlich niedrigeren Körperfettanteil haben, speichern sie in der Muskulatur etwa zweieinhalb mal so viel Fett wie Untrainierte. Daher steht ihnen bei Belastungen das Fett schneller zur Verfügung und kann besser abgebaut werden. Trotzdem gilt es, den Fettanteil der Nahrung von derzeit durchschnittlich 40 bis 45 Prozent auf

25 bis 30 Prozent zu reduzieren. Ein höherer Fettanteil wirkt sich negativ auf die Glykogenspeicherung aus. Alle Fette bestehen aus einem
Teil Glyzerin und drei einfach oder mehrfach ungesättigten oder
gesättigten Fettsäuren, die über die Qualität des Fetts entscheiden.

Ungesättigte und gesättigte Fettsäuren

▸ Ungesättigte Fettsäuren sind ein Schutzfaktor für das Herz-Kreislauf-System, da sie den Cholesterinwert senken und die Fließeigen-
schaften des Bluts verbessern. Gut ein Drittel der Fettkalorien sollten Sie mit einfach ungesättigten Fettsäuren (z. B. Oliven- oder Rapsöl)
decken. Mindestens ein weiteres Drittel machen im Optimalfall die
mehrfach ungesättigten Fettsäuren (z. B. in Sonnenblumen-, Soja-
oder Maiskeimöl sowie im Fett von Kaltwasserfischen) aus. Diese
werden häufig vernachlässigt, obwohl sie zum Teil lebenswichtige
Nährstoffe enthalten. Als Faustregel gilt, dass Sie täglich etwa
einen Esslöffel Pflanzenöl zu sich nehmen sollten. Ein- bis zweimal
pro Woche Seefisch runden den Speiseplan ab.

▸ Gesättigte Fettsäuren (tierische sowie feste und gehärtete Pflan-
zenfette) werden oft in viel zu großem Umfang verzehrt und sollten
maximal ein Drittel der Fettkalorien ausmachen, da sie den Cholesterinwert und somit das Risiko einer Herz-Kreislauf-Erkrankung erhöhen. Hier gilt: Weniger ist mehr.

Ihre tägliche Dosis Pflanzenöl nehmen Sie am besten im Salatdressing zu sich. Aber auch hier tut man schnell des Guten zu viel: Verzichten Sie lieber auf das fettreiche American Dressing und wählen stattdessen Italian-Style.

Der Energiegehalt der Nährstoffe

▸ 1 g Kohlenhydrate	liefert	4 kcal
▸ 1 g Fett	liefert	9 kcal
▸ 1 g Eiweiß	liefert	4 kcal
▸ 1 g Alkohol	liefert	7 kcal

(Quelle: Heseker 1999)

Die geheimen Fettfallen

Häufig ist es ganz einfach, nicht ins Fettnäpfchen zu treten. Achten Sie beim Einkauf einfach darauf, dass Sie ins richtige Fach des jeweiligen Regals greifen. Hier eine Übersicht, wie Sie Fettfallen des Alltags meiden und sich gesünder ernähren können.

Nahrungsmittel	Kilokalorien (kcal)	Fettkalorien (kcal)	Sie sparen (kcal)
Statt: Croissant, 45 g (1 Stück)	177	130	
Besser: Roggenvollkornbrot, 45 g	85	9	92
Statt: Butter, 20 g	150	150	
Besser: Halbfettbutter, 20 g	77	73	73
Statt: Nussnougatcreme, 20 g	105	56	
Besser: Kalorienreduzierte Konfitüre, 20 g	19	0	86
Statt: Salami, 30 g	115	93	
Besser: Lachsschinken, 30 g	40	9	75
Statt: Käsecremesuppe, 0,25 l	180	117	
Besser: Hühnersuppe mit Nudeln, 0,25 l	36	19	144
Statt: Gans, 125 g	430	362	
Besser: Putenbrust, 125 g	130	9	300
Statt: Thunfisch, 150 g	340	214	
Besser: Seelachs, 10 g	110	9	230
Statt: Paniertes Schweineschnitzel, 125 g	287	121	
Besser: Kalbsfilet, 125 g	120	9	167
Statt: Erdnüsse, 50 g	290	232	
Besser: Maronen, 50 g	96	9	194
Statt: Sahnejoghurt	185	140	
Besser: Magermilchjoghurt	65	0	120
Statt: Schokomüsli, 50 g	250	65	
Besser: Ballaststoffmüsli, 50 g	150	19	100
Statt: Tiramisu, 150 g	365	158	
Besser: Obstsalat, 150 g	138	0	227
Statt: Vollmilchschokolade, 20 g	107	56	
Besser: Fruchtmüsliriegel, 20 g	75	19	32
Statt: Trinkschokolade, 150 ml	215	102	
Besser: Früchtetee, ungezuckert, 150 ml	0	0	215
Statt: Bier (Alt, Export, Pils), 0,5 l	210	0	
Besser: Diät- und alkoholfreies Bier, 0,5 l	130	0	80

Eiweiß macht die Muskeln stark

Proteine sind die Grundbausteine sämtlicher Lebewesen und erfüllen zwei Aufgaben: Zum einen dienen sie als Aufbaustoff für die Muskulatur, zum anderen werden sie bei sehr langen Belastungen auch zur Energiegewinnung abgebaut.

Der Eiweißanteil der Nahrung eines Ausdauersportlers sollte bei etwa zehn Prozent liegen, denn eine gute Proteinversorgung schützt die Muskeln und das Bindegewebe vor Verletzungen und beschleunigt die Regeneration. Diese Schutzfunktion erfüllen vor allem die pflanzlichen Eiweiße, wie sie in Brot, Haferflocken, Müsli, Nudeln, Reis und Kartoffeln enthalten sind. Zusammen mit den Proteinen aus Milch, fettarmem Fleisch und Fisch – diese Nahrungsmittel sind zudem reich an Kalzium, Eisen, Zink, Selen und Jod – entsteht so ein hochwertiges Eiweißgemisch, das den Körper ausreichend versorgt.

Stichwort »Nahrungsergänzungsmittel«

Viele Ausdauerathleten versuchen inzwischen, mit Hilfe von Tabletten weitere Reserven zu mobilisieren. Kreatin, Karnitin und Protein sind in aller Munde, aber was verbirgt sich hinter diesen Stoffen?

L-Karnitin

Diese körpereigene Substanz wirkt sich positiv auf die Leistungsfähigkeit der Muskulatur aus und stärkt das Immunsystem. Für viele Fatburn-Enthusiasten ist verführerisch, dass L-Karnitin außerdem den Fettstoffwechsel erhöht. Es entzieht dem Blut die schnell verfügbaren Fettsäuren und transportiert diese zu den Muskeln, wo sie als Energie verbrannt werden. Der Körper speichert daher weniger Fettzellen im Gewebe und reduziert die bestehenden Fettdepots. Dieser Effekt tritt allerdings erst dann ein, wenn der Fettstoffwechsel

Kleine Eiweißtabelle: Absoluter Spitzenreiter sind Mikroalgen, sie liefern mit einem Gehalt von bis zu 65 Prozent sogar mehr Eiweiß als das viel zitierte Soja mit etwa 40 Prozent. Weit abgeschlagen sind tierische Träger wie Eier mit ca. 25 Prozent oder Fleisch mit schlappen 18 bis 20 Prozent. Wobei das pflanzliche Eiweiß auch noch viel leichter vom Körper verarbeitet werden kann als das tierische Protein!

In den meisten Fällen belasten Nahrungsergänzungsmittel nur den Geldbeutel und den Körper. Denn die gewünschte Wirkung erzielen Sie – wenn überhaupt – nur in Verbindung mit einem genau abgestimmten, harten Training.

Milch ist eine wichtige Eiweißquelle; ihre Proteine sind besonders hochwertig.

bereits auf hohem Niveau arbeitet. Wer bisher nur dreimal pro Woche 20 Minuten durch den Park gejoggt ist, wird auch mit L-Karnitin nicht rank und schlank.

Kreatin

Der Körper bildet diese Substanz aus den Aminosäuren oder nimmt sie durch den Verzehr von Fisch und Fleisch auf. Zum einen produziert Kreatin den Energielieferanten ATP. Es ermöglicht aber auch ein längeres, härteres Training, verkürzt die notwendige Erholungszeit und stärkt darüber hinaus das Immunsystem. Besonders bei schweren, kurzen Höchstbelastungen kann es die Leistung um 10 bis 20 Prozent steigern. Allerdings eignet sich Kreatin nicht für Anfänger, sondern hilft ausschließlich Kraftsportlern, die bereits seit zwei oder mehr Jahren kontinuierlich und vor allem intensiv trainieren. Und auch diese sollten es nur als Kur verwenden: sechs Wochen einnehmen, dann sechs Wochen pausieren.

Protein

Eiweiß dient dem Körper zum Aufbau der Muskeln, denn diese bestehen zu 20 Prozent aus Protein, der Rest ist Wasser. Die Deutsche Gesellschaft für Ernährung empfiehlt eine tägliche Proteinzufuhr von 0,8 Gramm pro Kilogramm Körpergewicht, bestehend aus pflanzlichen und tierischen Eiweißen. Wem das nicht immer gelingt, der kann auch mal auf Eiweißshakes ausweichen. Bei dem Pulver aus der Dose variiert die Konzentration zwischen 80 und 100 Prozent. Allerdings essen Nordeuropäer ohnehin zu viel Protein, und eine vollwertige Ernährung reicht aus, um den bestehenden Bedarf auch bei Sportlern zu decken. Außerdem wächst der Muskel nicht nur durch Eiweißshakes allein. Und: Das zu viel konsumierte Eiweiß wird über die Nieren ausgeschieden, was den Körper unnötig belastet.

Fit und vital mit Vitaminen und Mineralstoffen

Damit der menschliche Motor richtig rund läuft, sind wie bei einem schnurrenden Sechszylinder die »Schmierstoffe« entscheidend. Im Organismus übernehmen die Vitamine und Mineralstoffe, die nicht energieliefernden Nährstoffe, diese Aufgabe. 14 verschiedene Vitamine sind notwendig, damit der Körper die Kohlenhydrate, Fette und Eiweiße verarbeiten kann. Die verschiedenen Vitamine und Mineralstoffe teilen sich zwei Funktionen: Die einen sind Katalysatoren im Energiestoffwechsel. Das bedeutet, dass sie die erforderlichen chemischen Reaktionen bei der ATP-Resynthese beschleunigen. Die andere Gruppe dient dazu, die körpereigenen Abwehrkräfte zu stärken, wie das Vitamin C. Die Gruppe der Vitamine unterteilt man in zwei Kategorien: wasserlöslich und fettlöslich.

▸ Fettlöslich: Vitamin A, D, E, K sowie Beta-Karotin

▸ Wasserlöslich: Vitamin B1, B2, B6, B12, C, Niazin, Pantothensäure, Biotin, Folsäure

Lebensmittel mit hoher Nährstoffdichte und einer geballten Ladung von Vitaminen und Mineralstoffen sind z. B. Brokkoli, Grünkohl, grüne Bohnen, Spinat, Erbsen, Paprikaschoten und Beeren.

Energiebereitstellung		Aufbau und Erhaltung
↑	↑	↑
Kohlenhydrate	Fett	Protein
Vitamin B1	Vitamin B2	Vitamin B6
Niazin	Niazin	Vitamin B12
Magnesium	Vitamin E	Vitamin A
Kalium	Biotin	Magnesium
Chrom		Zink

Die verschiedenen Vitamine und Mineralstoffe haben unterschiedliche Aufgaben im Stoffwechsel (Quelle: Hamm 2001).

47

Vitamine und Mineralien müssen nur in winzigen Dosen aufgenommen werden. Aber diese kleinen Mengen werden vom Körper dringend benötigt (Quelle: Hamm 2001).

Empfohlene Tagesdosis an Mikronährstoffen

Vitamin A	0,8–1,0 mg	Kalzium	1000 mg
Beta-Karotin	2–4 mg	Magnesium	300–350 mg
Vitamin B1 (Thiamin)	1,2 mg	Eisen	10–15 mg
Vitamin B2 (Riboflavin)	1,4 mg	Zink	7–10 mg
Vitamin B6 (Pyridoxin)	1,5 mg	Jod	150–200 µg
Niazin	16 mg		
Pantothensäure	6 mg		
Folsäure	400 µg		
Vitamin B12	3 µg	*Schätzwerte*	
Vitamin C	100 mg	Selen	30–70 µg
Vitamin E	14 mg	Chrom	30–100 µg

Ausdauersportler, aufgepasst: Ein Mangel an Vitamin B1 äußert sich in Müdigkeit, Verdauungsstörungen, Appetitlosigkeit; schwere Defizite können sogar zu Schädigungen am Zentralnervensystem führen. Abhilfe schaffen da Geflügel und Fleisch, Hülsenfrüchte und unter den Gemüsesorten vor allem grüne Erbsen und Zucchini.

Für Sportler wichtig – B-Vitamine

Da sich ein Vitaminmangel bei Athleten schneller negativ auswirkt und die Trainingsleistung sowie Regenerationsfähigkeit senkt, müssen dem Körper stets Vitamine in ausreichendem Maß zugeführt werden. Sportler benötigen dabei vor allem sämtliche Vitamine der B-Gruppe, die an wichtigen Stoffwechselreaktionen beteiligt sind. So wirkt das Vitamin B1 auf den Kohlenhydratstoffwechsel (Ausdauersportler) ein, und das Vitamin B6 ist wichtig für den Proteinstoffwechsel (Kraftsportler).

Auch Überdosierung ist möglich

Ebenso wie sich ein Vitaminmangel negativ auswirkt, vermindert auch eine Überdosierung die Leistungsfähigkeit des Körpers. Und das nicht nur – wie lange angenommen wurde – bei den fettlöslichen Vitaminen, sondern zum Teil ebenso bei den wasserlöslichen Stoffen. Obwohl der Vitaminbedarf proportional zur erbrachten Leistung steigt, müssen Freizeitsportler, die sich bewusst ernähren, jedoch lediglich dann auf Ersatzpräparate zurückgreifen, wenn sie zur Gewichtsreduzierung ihre Kalorienaufnahme senken und damit ein Mangel möglich wird.

Winzige Mengen reichen – Mineralstoffe

Ähnlich wie für Proteine und Vitamine gilt auch für die meisten Mineralstoffe: Bei einer abwechslungsreichen Ernährung, die viele Lebensmittel mit einer hohen Nährstoffdichte beinhaltet, wird der tägliche Bedarf an diesen Substanzen problemlos gedeckt. Eine Extraportion Magnesium, Eisen (bei Frauen besonders wegen des Blutverlusts während der Menstruation) und Jod kann jedoch nicht schaden, da die zu viel aufgenommenen Mineralien vom Körper einfach wieder ausgeschieden werden.

Mineralstoffe sind zwar im Körper vorhanden, können aber nicht selbstständig neu gebildet werden. Sie müssen daher, meist in winzigen Mengen, mit der Nahrung aufgenommen werden.

Mineralstoffe für sportlich Aktive

▸ *Kalzium:* sorgt für den Knochenaufbau und -erhalt und schützt vor Osteoporose

▸ *Magnesium:* ist entscheidend für das Zusammenspiel von Nerven und Muskeln und schützt vor Muskelkrämpfen

▸ *Kalium:* hat wichtige Funktionen bei der Regulation des Wasserhaushalts

▸ *Eisen:* ist an der Hämoglobinbildung (rote Blutkörperchen) und an der Energiebereitstellung in den Zellen beteiligt

▸ *Zink und Selen:* stärken das Immunsystem und schützen die Zellen vor freien Radikalen

▸ *Jod:* aktiviert die Schilddrüse und ist einer der wenigen Mineralstoffe, die in der alltäglichen Nahrung zu wenig vorkommen

▸ *Chrom:* ein wichtiger Katalysator (Beschleuniger) bei der Kohlenhydratverwertung

Je mehr Sport Sie treiben, desto mehr Flüssigkeit müssen Sie über den Tag verteilt aufnehmen (Quelle: FIT FOR FUN).

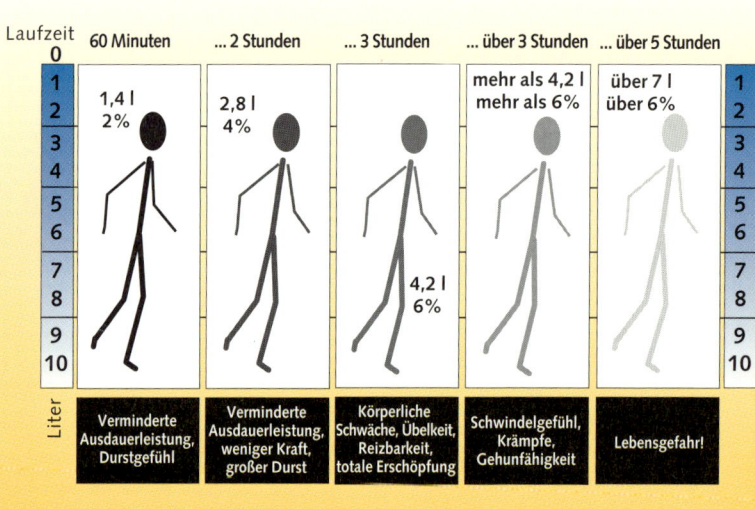

Immer noch der ideale Null-Kalorien-Durstlöscher: Mineralwasser. Damit es nicht zu langweilig wird, können Sie ein bisschen Saft darunter mischen. Optimale Obstsorten für Sportler sind Apfel, Banane und Melone.

Trinken – Wasser marsch

Je nach Alter und Trainingszustand beträgt der Wassergehalt des Körpers zwischen 50 und 70 Prozent (im Alter eher weniger). Beim Sport ist die Flüssigkeit vor allem für den Transport der Nährstoffe und zur Temperaturregulation wichtig. So verliert der Organismus bei harten Belastungen pro Stunde bis zu 1,5 Liter Wasser durch Schweiß. Das kann bei einem Marathon schnell vier bis fünf Liter ausmachen.

Flüssigkeitsmangel und die Folgen

Wird dieser Wassermangel nicht ausgeglichen, hat das negative Auswirkungen auf die Leistungsfähigkeit. Auch wenn erst ein Wasserverlust von 10 bis 15 Prozent des Körpergewichts lebensbedrohlich für den Organismus ist, schränkt bereits eine Unterversorgung von zwei Prozent – das sind bei einer 75 Kilogramm schweren Person etwa

1,5 Liter – den Stoffwechsel in der arbeitenden Muskulatur ein. Die Folgen davon sind:

▸ Der Nähr- und Sauerstofftransport sinkt.

▸ Der Abtransport des anfallenden Laktats (Milchsäure) wird verlangsamt.

▸ Der Wärmehaushalt kann nicht mehr richtig reguliert werden.

▸ Die Nierenfunktion wird beeinträchtigt.

▸ Es kommt zu Müdigkeit, Konzentrationsmangel, Kopfschmerzen und Übelkeit.

Wie viel trinken und wann?

Da bei Sportlern (ähnlich wie bei alten Menschen) das Durstempfinden geringer ist, der Flüssigkeitsbedarf aber deutlich höher liegt als bei Untrainierten, sollten Sie unbedingt bereits anfangen zu trinken, bevor Sie das Bedürfnis dazu verspüren. Selbst an trainingsfreien Tagen sind ein bis zwei Liter Flüssigkeit für einen ausgeglichenen Wasserhaushalt erforderlich. Bei Belastungen unter 45 Minuten reicht es, nach dem Training mit Fruchtsaftschorlen und Mineralwasser wieder aufzutanken. Am besten geeignet ist dafür magnesium- und natriumreiches Mineralwasser. Oder ein Fruchtsaftmix, mit einem Mischungsverhältnis aus Saft und Wasser von 1:3. Wer sich länger bewegt, sollte allerdings schon unterwegs den Wasserverlust wieder aufladen. Unabhängig von der Distanz empfiehlt sich dann eine Flüssigkeitsaufnahme von 0,5 bis 1,0 Liter pro Stunde.

In kleine Portionen aufteilen

Diese Menge nehmen Sie natürlich nicht auf einmal zu sich, sondern in kleinen Portionen – optimal sind jeweils 0,2 Liter. Trinken Sie am besten nur in kleinen Schlucken. So bleibt die Belastung für den Magen am geringsten.

Milch statt Mineralwasser? Als Durstlöscher darf Milch nicht gelten. Wohl aber als kleiner flüssiger Fitnesssnack. Denn in Milch (und Milchprodukten) steckt viel Vitamin B2 – und das spielt bei der Energiegewinnung eine entscheidende Rolle. Es gilt also auch für Sportler: Die Milch macht's!

Genug Flüssigkeit ist auch beim Sport unerlässlich!

Bereits ein geringer Flüssigkeitsverlust hat gravierende Folgen für die Leistungsfähigkeit, wenn Sie den Wasserhaushalt nicht ausgleichen (Quelle: Wagner 1997).

Ein ideales Sportlergetränk ist z. B. Molke aufgrund ihres einzigartigen Gehalts an Eiweiß – und zwar Eiweiß von höchster biologischer Wertigkeit. Zum Vergleich: Das in der Molke enthaltende Albumin-Globulin-Eiweiß hat mit 104 Punkten sogar einen höheren Wertigkeitsgrad als ein Ei – das wird nämlich bloß mit 100 bewertet.

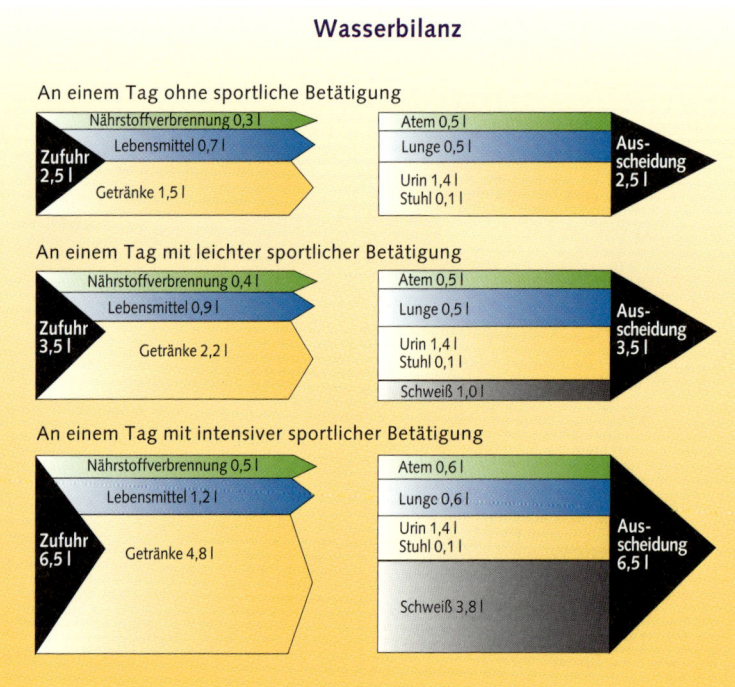

Wasserbilanz

An einem Tag ohne sportliche Betätigung

Zufuhr 2,5 l
- Nährstoffverbrennung 0,3 l
- Lebensmittel 0,7 l
- Getränke 1,5 l

Ausscheidung 2,5 l
- Atem 0,5 l
- Lunge 0,5 l
- Urin 1,4 l
- Stuhl 0,1 l

An einem Tag mit leichter sportlicher Betätigung

Zufuhr 3,5 l
- Nährstoffverbrennung 0,4 l
- Lebensmittel 0,9 l
- Getränke 2,2 l

Ausscheidung 3,5 l
- Atem 0,5 l
- Lunge 0,5 l
- Urin 1,4 l
- Stuhl 0,1 l
- Schweiß 1,0 l

An einem Tag mit intensiver sportlicher Betätigung

Zufuhr 6,5 l
- Nährstoffverbrennung 0,5 l
- Lebensmittel 1,2 l
- Getränke 4,8 l

Ausscheidung 6,5 l
- Atem 0,6 l
- Lunge 0,6 l
- Urin 1,4 l
- Stuhl 0,1 l
- Schweiß 3,8 l

Allerdings steht die frische Energie dem Körper nur in der richtigen Zusammensetzung sofort zur Verfügung. In vielen Säften und Limonaden sind jedoch so viele Kohlenhydrate enthalten, dass dem Körper dadurch noch Flüssigkeit entzogen wird. Denn die Wasseraufnahme beruht auf dem Prinzip der Osmose, wonach das Wasser und die darin gelösten Teilchen stets das Bestreben haben, im Organismus in der gleichen Mixtur vorhanden zu sein. In einer Saftschorle sind aber mehr Teilchen gelöst als im Blut. Dadurch kommt es im Darm zu einem Austausch, um das Missverhältnis auszugleichen: Zum einen wandern einige gelöste Mineralien und Kohlenhydrate ins Blut, zum anderen fließt Wasser vom Blut in den Darm.

Energydrinks wirken rasch

Isotone (gleicher osmotischer Druck) Elektrolytgetränke mit einem geringen Zuckerzusatz und wenig Koffein verfügen über die gleiche Konzentration an Nährstoffen wie das Blutplasma und werden daher schneller aufgenommen. Außerdem enthalten diese Energydrinks viele Spurenelemente und eine geringe Kohlenhydratkonzentration, die zusätzlich den Blutzuckerspiegel erhöht. Die Folge: Sie können Ihre Leistung länger aufrechterhalten, und Koordination und Konzentration lassen nicht so stark nach.

Hypotone Durstlöscher

Bei Belastungen von über zwei Stunden, z. B. bei einem Marathon oder einem Radrennen, empfehlen sich dagegen so genannte hypotone (niedrigerer osmotischer Druck) Durstlöscher, in denen noch weniger Teilchen gelöst sind. Denn mit dem Schweißverlust gibt der Körper auch Mineralien ab. Ein isotones Getränk ist dann nur schwer verdaulich und entzieht dem Körper weiteres Wasser. Die hypotonen Getränke enthalten außerdem spezielle Kohlenhydratkombinationen (z. B. Maltodextrin oder Fruktose), die die Energiespeicher trotzdem zum Teil wieder auffüllen und schnell verwertet werden können.

Bei einer Kohlenhydratkonzentration von über acht Prozent werden hypotone Getränke nicht mehr so schnell resorbiert, der erwünschte Energieschub setzt mit Verzögerung ein – oft erst, wenn das Ziel schon erreicht ist.

Trinkempfehlung für Sportler

Dauer	Getränk
< 45 min	Nach der Belastung: Mineralwasser und Saftschorle
45 – 120 min	Während der Belastung: isotone Energydrinks, danach Mineralwasser und Saftschorle
> 120 min	Während der Belastung: hypotone Energydrinks, danach Mineralwasser und Saftschorle

In Bewegung zu kommen, ist auf alle Fälle die richtige Entscheidung – noch wirkungsvoller, wenn das mit System passiert.

Ausdauer gewinnen nach Plan

Erfolgreich trainieren mit Know-how

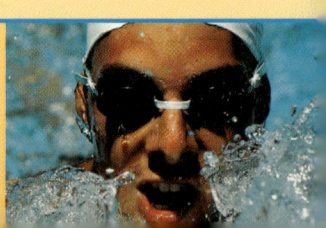

So trainieren Sie richtig

Mit dem Wort »Training«, insbesondere wenn es um Ausdauersport geht, sind häufig negative Emotionen verbunden. Training ist Anstrengung und Schweiß, Erschöpfung und Entbehrung, Disziplin und Beständigkeit. Dabei hat Training zunächst nichts Negatives an sich, es kommt darauf an, wie Sie es gestalten.

Training im Ausdauersport, speziell im Freizeitsportbereich, bezieht sich also meist auf eine Verbesserung bzw. Beibehaltung der konditionellen Fähigkeiten. Die Motive dafür können sehr unterschiedlich sein (siehe Kasten Seite 57). Egal, welches Motiv für Sie ausschlaggebend ist, wichtig ist, dass Sie mit dem Training bestimmte Ziele verfolgen. Und um diese Ziele zu erreichen, müssen Sie sich auch mal anstrengen, Leistungen abrufen, die man nicht jeden Tag herausfordert, etwas Disziplin aufbringen und hin und wieder den unbequemeren Weg wählen. Doch ist der Erfolg erst mal da, sind die Strapazen schnell vergessen, bleiben die schönen Momente in Erinnerung und steigt der Spaß am Training.

Mehr Ausdauer mit System

In diesem Abschnitt geht es darum, nach welchen Prinzipien man sein Training gestaltet, um den größtmöglichen Erfolg zu sichern. Durch Sport, egal, ob Laufen, Skaten, Schwimmen oder Biken, findet eine Adaptation oder Anpassung des Organismus an die erhöhten Leistungsanforderungen statt. Langfristig lässt sich dies an folgenden Merkmalen feststellen:

▸ Einer Vergrößerung der Leistungsreserven
▸ Einer Erhöhung der Willenskraft zur Ausschöpfung des Leistungspotenzials

Viele gute Gründe für mehr Sport

Es gibt unterschiedliche Motive, die Couch zu verlassen und sich aufzu-raffen. Besonders häufig sind diese:

▶ Ein Volkslauf, ein Halbmarathon oder Marathonlauf kann Sie dazu bewegen, Ihr Sportpensum zu erhöhen und zielgerichtet zu gestalten.

▶ Ihre Kurzatmigkeit – schon nach zwei Stockwerken Treppensteigen geht Ihnen die Puste aus – nervt Sie derartig, dass Sie durch gezieltes Training diese Schwächelei nicht mehr zulassen wollen.

▶ Ihr Körpergewicht hat in letzter Zeit derart zugenommen, dass Sie mit gezieltem Ausdauertraining dem Fett zu Leibe rücken wollen.

▶ Ein paar Freunde sind bereits begeisterte Radfahrer oder Inlineskater, und Sie möchten nicht länger nur den Zuhörer spielen, wenn sie begeistert von der letzten Trainingssession erzählen.

▶ Sie fühlen sich einfach wohler, wenn Sie nach der geistig anstrengen-den Arbeit im Büro oder fürs Studium Ihrem Organismus auch noch eine körperliche abverlangen.

▶ Sie haben keine Lust, erst dann was für sich zu tun, wenn die Muskel-masse bereits schwindet und die Puste knapper wird. Deshalb fangen Sie schon vorbeugend und rechtzeitig mit kontinuierlichem Training an.

> Der häufigste Grund, sich mehr Bewegung zu ver-schaffen und auch dabeizubleiben: Sie fühlen sich einfach wohler, wenn Sie sich ausgepowert haben. Der Spaß an der Bewegung stellt viele andere Genüs-se in den Hinter-grund.

Die Erfolgsfaktoren

Drei Punkte, von denen Ihr Trainingserfolg maßgeblich abhängt:

▶ Die Intensität: »Viel hilft viel« trifft beim Sport nur bedingt zu. Sind die Anforderungen zu hoch, werden sich weder Spaß noch eine Leis-tungssteigerung einstellen. Das Gleiche gilt, wenn man sich ständig unterfordert fühlt. Also: Die Dosierung muss stimmen. Die gängigste

Bitte beachten Sie: Belastungsspitzen sind zwar nötig, um eine Steigerung Ihrer Leistung zu erreichen, übertreiben sollten Sie dabei jedoch nicht. Zu starke Reize schädigen Organe und Muskulatur und sollten unbedingt vermieden werden!

Planen Sie vernünftig, dann kommen Sie Hürde für Hürde ans Ziel!

und sportwissenschaftlich sinnvollste Größe zur Bestimmung der Belastungsintensität in Ausdauersportarten ist die Herzfrequenz. Bei den meisten Trainingsplänen beziehen wir uns auf die Herzfrequenz als Steuerungsinstrument. Wie hoch der jeweilige Trainingspuls sein sollte, hängt von Ihrer maximalen Herzfrequenz ab. Dafür gibt es je Sportart (mit Ausnahme des Schwimmens) einen individuellen Test (siehe Herzfrequenztest bei den jeweiligen Sportarten).

▸ Die Länge der Belastung: Auch der zeitliche Umfang kann eine Über- oder Unterforderung bewirken und damit den Trainingseffekt positiv oder negativ beeinflussen. Ebenso ist die Pause zwischen zwei Einheiten für den Trainingserfolg maßgeblich.

▸ Die Art der Pause: Während des Intervalltrainings oder beim Fahrtspiel (siehe Seite 71) kann die Pause zwischen zwei Belastungsspitzen entweder so getimt sein, dass eine völlige Erholung eintritt (vollständige Pause), oder man setzt den neuen Belastungsreiz schon früher, dann handelt es sich um eine »lohnende Pause«. Bei einem Ausdauertraining endet die lohnende Pause, sobald der Puls nach einer Belastungsspitze wieder auf etwa 120 Schläge abgesunken ist.

Auf das richtige Maß kommt es an

Möchten Sie das Tempo beim Laufen oder Skaten erhöhen, länger Rad fahren oder Ihre Schwimmtechnik verbessern, so muss der Belastungsreiz im Training eine gewisse Schwelle überschreiten, damit ein Leistungszuwachs stattfindet. Die Höhe des Reizes ist von Ihrem individuellen Ausgangsniveau abhängig.

Grundsätzlich lässt sich sagen:

▸ Zu geringe Reize bleiben wirkungslos.

▸ Mittlere Reize erhalten den Status quo.

▸ Überschwellige Reize lösen die erwünschten muskulären und kreislaufbedingten Reaktionen aus.

Stichwort »Muskelkater«

▸ Muskelkater ist ein deutliches Zeichen für eine übermäßige, ungewohnte Belastung. Er tritt meist zwei, drei Tage nach dem Training auf und ist
ein deutliches Signal, dass der Körper noch Anpassungsschwierigkeiten
hat. Die Ursache des Muskelkaters sind kleine Mikroverletzungen in der
Muskulatur. Diese Mikro-Muskelfaserrisse und die Schlacken, die durch die
»Reparatur« der Verletzungen im Blut anfallen, verursachen
den Schmerz.

▸ Meist dauert der Muskelkater drei bis vier Tage. Bei leichten Beschwer-
den helfen Maßnahmen, die die Durchblutung fördern, wie warme Bäder,
Sauna oder dezentes Dehnen. Falls Sie aufs Laufen überhaupt nicht verzichten können, dann nur ganz langsam, mit höchstens 50 Prozent der
maximalen Herzfrequenz. Vorsicht bei Massagen: Das Kneten der beschä-
digten Muskulatur hilft nichts.

Stets 'ne Schippe draufpacken

Immer die gleiche Strecke beim Laufen, stets dieselbe Geschwindigkeit auf der Radrunde, ewig die gleichen Bahnen beim Schwimmen
sind langweilig – und die Leistung stagniert. Denn schließlich erfolgt
durch die Kette »Belastung – Anpassung – Leistungssteigerung –
neue Belastung – Anpassung …« eine Erhöhung des Ausgangsniveaus,
wodurch ehemals überschwellige Trainingsreize zu unterschwelli-
gen werden. Die Folge: kein weiterer Leistungszuwachs, weniger
Erfolgserlebnisse – und die Motivation sinkt. Eine Belastungssteige-
rung kann je nach Alter und Trainingszustand allmählich oder sprung-
haft erfolgen. Im Freizeit- und Ausdauersportbereich sollte die all-
mähliche Steigerung im Vordergrund stehen.

Steigern Sie sich –
aber mit Geduld
und Ausdauer:
Schnell erreichte
Leistungssteigerun-
gen schwinden
schnell, langfristig
aufgebaute Niveaus
gehen dagegen
langsam zurück.

Der Verlauf der Anpassung

Die biologische Adaptation verläuft nicht linear, sondern parabolisch. Das bedeutet, die Anpassung bei einem Untrainierten ist am Anfang sehr hoch. Es werden schnell sichtbare Erfolge verbucht. Je besser jedoch der Fitnesszustand, umso umfangreicher und intensiver muss das Training sein, um weitere Leistungssteigerungen zu erreichen. So trainieren Weltklassemarathonläufer häufig mehrere Jahre, um sich um nur wenige Sekunden zu verbessern. Dagegen ist bei einem Marathonnovizen nach dem ersten kontinuierlichen Trainingsjahr eine Steigerung von mehreren Minuten bis zu einer halben Stunde durchaus möglich.

Der richtige Mix aus Be- und Entlastung

Keiner kann immer auf vollen Touren laufen. Nach einer größeren Anstrengung benötigen Sie eine Phase der Erholung, denn auf jede Anspannung folgt eine Entspannung, auf jede Belastung eine Entlastung. Eine Trainingssession und die anschließende Erholungsphase sollten Sie daher immer als eine Einheit ansehen.

Beim Training ermüdet der Körper. In der Erholungsphase kommt es jedoch zu einer »Übererholung«, d. h., das Ausgangsniveau ist größer als vor dem Training. Diese Reaktion des Körpers auf einen Belastungsreiz nennt man Superkompensation. Und das ist der Schlüssel zur Leistungssteigerung.

Abwechslung bringt Spaß – auch im Training. Stets die gleiche Trainingsform, Strecke oder das gleiche Tempo wirken ermüdend und frustrierend. Wechseln Sie aber nicht nur Umfang und Intensität, Sie können auch durch eine Variation der Bewegungsdynamik, Übungsauswahl und Pausengestaltung den Trainingsspaß und Erfolg erhöhen.

So steigern Sie sich

Die Belastung sollte in dieser Reihenfolge gesteigert werden:

1. Steigerung der Häufigkeit (von 1- bis 2-mal pro Woche auf 3- bis 4-mal)
2. Erhöhung der Umfänge (von 30 auf 45, 60, 75, 90, 120 Minuten)
3. Erhöhung der Intensität (von 10 km/h auf 13 km/h beim Joggen)

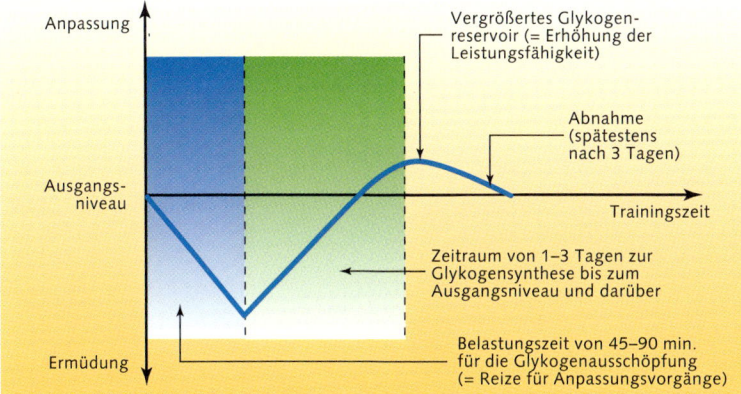

Nach einer Belastung sinkt das Leistungsvermögen ab. Es steigt aber während der Erholungsphase wieder über das Ausgangsniveau (Quelle: Zintl 2001).

Mit Superkompensation zur Bestform

Erfolgt in der Phase des erhöhten Ausgangsniveaus kein neuer Trainingsreiz, kehrt das Leistungslevel auf das Ursprungsniveau zurück. Soll jedoch die Leistungsfähigkeit gesteigert werden – was beim zielgerichteten Training ja angestrebt ist –, besteht die Kunst darin, genau im Moment der höchsten Leistungsbereitschaft einen neuen Reiz zu setzen. Dann können Sie am intensivsten trainieren, und nach der Erholung wird dieses Ausgangsniveau wieder erreicht bzw. in der Superkompensationsphase sogar übertroffen. Das Timing zwischen den einzelnen Trainingseinheiten spielt also eine große Rolle.

Neben der Belastungsintensität und dem -umfang beeinflussen auch die individuelle Anpassungsfähigkeit, die Ernährung und andere trainingsbegleitende Maßnahmen die Superkompensationsphase.

Regeneration nach Maß

Wie weiß man nun aber genau, wann der richtige Zeitpunkt für das nächste Training ist? Leider ist die Phase der Erholung individuell unterschiedlich, und die Größe und Dauer der Superkompensation ist von verschiedenen Faktoren abhängig. Zum einen sind die Intensität und der Umfang der Belastung maßgeblich. Je höher der Umfang und je größer die Intensität, umso länger braucht der Körper, um sich zu erholen und anzupassen. Zum anderen haben unterschiedliche Energiespeicher auch unterschiedliche »Nachladezeiten«.

Für den Ausdauersport sind die Glykogendepots entscheidend, und entsprechend wichtig ist die Zeit, die notwendig ist für die Glykogenresynthese. Diese beträgt mindestens 24 Stunden, bei Untrainierten zwei bis drei Tage. Ist auch der Elektrolyt- und Hormonhaushalt durch die Belastung (z. B. Marathon) beansprucht worden, so sind Regenerationszeiten von fünf bis sieben Tagen sinnvoll.

Übertraining – zu viel Training schadet

Typische Merkmale von Übertraining sind eine erhöhte Herzfrequenz auch nach Belastungsende sowie Schlafstörungen, Kopfschmerzen und Müdigkeit.

Setzt man den nächsten Belastungsreiz zu früh, besteht die Gefahr, das man sich »in den Keller« trainiert. Trotz hohem Umfang sinkt das Leistungsvermögen, denn man setzt den neuen Belastungsreiz genau in dem Zeitpunkt, wo das Leistungsniveau unter dem Ausgangsniveau liegt. Statt Leistungssteigerung erfolgt ein Abfall des Niveaus. Dieses kommt häufig bei zu großem Trainingseifer vor und wird entsprechend auch Übertraining genannt.

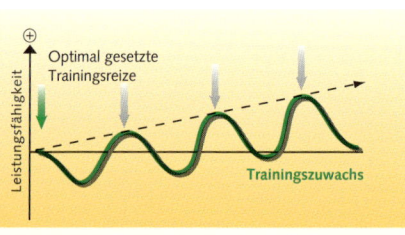

Mit der richtigen Abfolge der Trainingsreize sind Sie garantiert auf dem Weg zur Bestform.

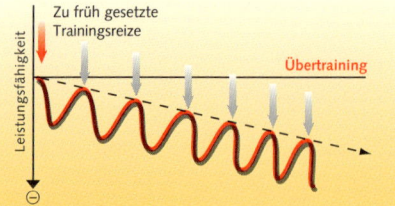

Erfolgt die nächste Belastung zur früh, trainieren Sie sich in den Keller (Quelle: Hatje/ Denecke 2001).

Übung macht den Meister

»Einmal ist keinmal« – diese Floskel trifft zumindest auf das sportliche Training zu. Wenn Sie einen Erfolg erleben wollen, müssen Sie
Kontinuität in Ihren Trainingsalltag bringen. Denn zur optimalen bio-
logischen Anpassung sind mehrfache Wiederholungen der Belastungen notwendig. Nur so können Sie Ihre individuelle, genetisch
festgelegte Leistungsgrenze erreichen.

Es müssen sich ja nicht nur die Muskulatur und das Herz-Kreislauf-
System den neuen Belastungen anpassen, auch Hormon- oder Enzym-
system und schließlich das zentrale Nervensystem unterliegen
bestimmten Adaptationsvorgängen. Diese schwanken zwischen
einem Zeitraum von zwei bis drei Wochen für die Enzymregulation und
einer Spanne von bis hin zu einigen Monaten bei den bewegungs-
steuernden Strukturen des Zentralnervensystems.

Die große Bedeu-
tung der Trainings-
kontinuität sieht
man z. B. bei Verlet-
zungen: Es kommt
zum Abfall des Leis-
tungsniveaus. Das
Tempo des Leis-
tungsabfalls ent-
spricht meist dem
des Anstiegs.

Auch das Training kennt Jahreszeiten

Kein Sportler kann das ganze Jahr über auf vollen Touren laufen. Deshalb wird gerade im Hochleistungs- und Spitzensport über das Jahr
hinweg ein Belastungswechsel angestrebt. Diese Periodisierung richtet sich nach den Wettkämpfen und Saisonhöhepunkten und wird
in Vorbereitungs-, Wettkampf- und Übergangsperioden unterteilt.
So können Sportler einerseits gezielt Leistungsspitzen setzen, andererseits aber auch Überlastungen vermeiden.

Für Freizeit- und Gesundheitssportler ist diese Jahresplanung nicht so
relevant, da selten bis an die Leistungsgrenze trainiert wird. Aus Moti-
vationsgründen ist es jedoch sinnvoll, sich ebenfalls kleine Ziele zu
stecken und nach Erreichen dieser Vorgaben auch Phasen mit geringerem Trainingsumfang oder ganz ohne Sport einzuplanen. So kommt
man aus dem Trott heraus, kann sich neue Ziele setzen und die Motivation wieder steigern.

Einteilung der Ausdauerbelastungen

Die Ausdaueranforderungen werden nach der Länge der Belastung unterschieden. Von den verschiedenen Kategorien kommt für Sie vor allem die Langzeitausdauer (LZA) infrage.

Kurzzeitausdauer (KZA)

Bei der KZA beträgt der Belastungszeitraum 45 bis 120 Sekunden. Die Sprintstrecken beim Laufen, Skaten, Bahnradfahren oder auch Schwimmen sind typische Herausforderungen, bei denen die KZA benötigt wird. Die Beanspruchung wird fast ausschließlich durch eine anaerobe Energiebereitsstellung gewährleistet.

Die leistungsbestimmenden Faktoren der KZA sind:

▸ Hohe Milchsäuretoleranz der Muskulatur. Es können Laktatwerte bis zu 25 mmol/l auftreten

▸ Hohes Kraft- und Schnelligkeitsniveau

▸ Perfekte intermuskuläre Koordination

▸ Maximale Sauerstoffaufnahme im aeroben Bereich

Mittelzeitausdauer (MZA)

Bei der MZA liegt die Belastungsdauer zwischen zwei und zehn Minuten. Damit ist die MZA relevant für Mittelstreckenläufe über 800 bis 3000 Meter, Schwimmdistanzen zwischen 200 und 800 Meter und Skatestrecken von 3000 bis 5000 Meter.

Die leistungsbestimmenden Faktoren der MZA sind:

▸ Aerobe Glykogenverarbeitung

▸ Gute maximale Sauerstoffaufnahme im aeroben Bereich

▸ Hohe Milchsäuretoleranz im anaeroben Bereich

▸ Große Glykogenspeicher

▸ Gute Bewegungstechnik

Langzeitausdauer (LZA)

Die Langzeitausdauer wird je nach Dauer in vier Gruppen gegliedert:

- Gruppe 1: Belastungsdauer von 10 bis 35 Minuten
- Gruppe 2:Belastungsdauer von 35 bis 90 Minuten
- Gruppe 3: Belastungsdauer von 90 Minuten bis 6 Stunden
- Gruppe 4: Belastungsdauer über 6 Stunden

Während beim Laufen oder Schwimmen bereits eine Trainingsdauer von 30 bis 60 Minuten ein Indiz für eine gute Ausdauerfähigkeit ist, können Personen mit dem gleichen Fitnesslevel beim Radfahren leicht bis zu drei Stunden im Sattel sitzen. Drei Faktoren bestimmen die LZA: die aerobe Kapazität, die Höhe der individuellen aerob-anaeroben Schwelle und die Thermoregulation.

Die aerobe Kapazität

Dieser Wert belegt, wie gut die Energiebereitstellung durch Kohlenhydratverbrennung und Fettsäurenoxidation funktioniert. Der Anteil der Fettverbrennung an der Gesamtenergiebilanz beträgt bis zu 70 Prozent. Je nach Trainingszustand des Sportlers werden auch noch in hohen Intensitätsbereichen Fettsäuren verbrannt.

Die Höhe der individuellen aerob-anaeroben Schwelle

Bei langen Belastungen ist nicht mehr nur die maximale Sauerstoffaufnahme (VO_2 max) die maßgebliche Größe. Entscheidender ist, dass bei submaximalen Belastungsintensitäten (bis 90 Prozent) über einen langen Zeitraum die aerobe Energiegewinnung effektiv arbeitet.

Die Thermoregulation

Wo viel Energie erzeugt wird, da entsteht Wärme. So auch beim Sport. Damit der Körper nicht überhitzt, wird die überflüssige Wärmeenergie abgeleitet. Dies funktioniert über den Schweiß. Er verdunstet und

Die Thermoregulation ist ein leistungsmindernder Faktor, denn die »Klimaanlage Schweiß« kostet dem Körper Energie: Für den Wärmetransport durchs Blut an die Haut können z. B. bis zu 15 Prozent der gesamten Herz-Kreislauf-Leistung bei einem Marathonläufer notwendig sein.

sorgt für Kühlung. Doch für diese Arbeit braucht der Körper Kraft. Zudem wird der Wasserhaushalt durch den Schweißverlust gestört. Dies sind leistungsmindernde Faktoren, die beim entsprechenden Training aber eine Anpassung erfahren.

Die Trainingsbereiche

Das Ausdauertraining unterteilt sich in verschiedene Bereiche, die sich nach der Intensität und den dazugehörigen Methoden unterscheiden. Wir beschränken uns auf fünf Differenzierungen, um die Trainingsgestaltung nicht zu kompliziert zu machen.

Das Regenerationstraining

Erholung bedeutet nicht, einfach nur schlapp herumzuhängen. Hilfreich ist es, das Regenerationstraining durch Maßnahmen wie Sauna, Massagen oder umfangreiches Stretching zu unterstützen.

Dieses Training dient zur schnelleren Erholung und ist äußerst wichtig, um Übertraining und Verletzungen zu vermeiden. Oft wird diesem Trainingsbereich zu wenig Aufmerksamkeit gewidmet, da man sich nicht »ausgepowert« fühlt. Doch gerade diese aktiven Erholungsphasen sind der Schlüssel dafür, um wirkliche Anpassungen des Organismus zu erreichen. Man absolviert das Regenerationstraining mit einer sehr geringen Intensität.

Regenerationstraining in Zahlen

Regeneration	% max. Herzfrequenz	Laktat	Dauer/Umfang
Laufen	60–70 %	< 2 mmol/l	20–45 min/5–10 km
Radfahren	bis 60 %	< 2 mmol/l	30–90 min/30–50 km
Inlineskaten	65–70 %	< 2 mmol/l	20–45 min/7–15 km
Schwimmen	bis 60 %	< 2 mmol/l	15–30 min/< 1,5 km

(vgl. Kuno Hottenrott, Ausdauertraining, Sports Care 2000)

Grundlagenausdauer GA 1

Eine weitere Kategorie der in diesem Buch vorgestellten Trainings-
differenzierungen bildet die Grundlagenausdauer. Hier wird noch
einmal unterschieden in Grundlagenausdauer GA 1 und GA 2.

Mit dem extensiven Training der Grundlagenausdauer wird eine
Verbesserung der aeroben Kapazität und des Fettstoffwechsels angestrebt. GA 1-Training hat eine große Bedeutung für die Ausdauerleistung und bildet die Basis des Trainings. Es zielt auf eine Ökonomisie-
rung der Organsysteme ab, speziell auf einer optimale Ausnutzung des
Fettstoffwechsels. Auch werden in diesem Bereich die Sauerstoff
aufnehmenden (Lungenkapazität), transportierenden (Blutzirkulation und Kapillarisierung) und verwertenden (Muskelzellen) Syste-
me verbessert.

Wenn Sie mit großer Belastung trainiert haben, z. B. GA 2, dann können Sie ein Regenerationstrai-ning anschließen; das hilft Ihrem Kör-per, sich zu erholen. Sie können mit einem regenerati-ven Training aber auch Alltagsstress abbauen.

GA 1 in Zahlen

GA 1	% max. Herzfrequenz	Laktat	Dauer/Umfang
Laufen	70–80 %	< 2,5 mmol/l	1–3 h/12–40 km
Radfahren	60–75 %	< 2 mmol/l	1,5–6 h/50–250 km
Inlineskaten	70–80 %	2–3 mmol/l	0,5–2,5 h/10–60 km
Schwimmen	60–70 %	2–3 mmol/l	0,5–2 h/1–6 km

(vgl. Kuno Hottenrott, Ausdauertraining, Sports Care 2000)

Grundlagenausdauer GA 2/ Entwicklungsbereich EB

Bei dieser Intensität wird an der aerob-anaeroben Schwelle trainiert,
um die wettkampfspezifische Ausdauer zu verbessern. Man nimmt
kurzfristig den anaeroben Stoffwechsel in Kauf und bereitet so den Körper darauf vor, auch höhere Laktatwerte zu tolerieren.

Kraftausdauer ist die ideale Grundlage für viele andere Sportbereiche: So sind Sie damit topfit für Kampfsportarten wie Boxen, Judo oder Ringen. Und im Winter gehen Sie damit gut trainiert auf die Piste zum Alpinskifahren.

GA 2 in Zahlen

GA 2	% max. Herzfrequenz	Laktat	Dauer/Umfang
Laufen	80–95 %	3–6 mmol/l	20–45 min /4–15 km
Radfahren	75–90 %	3–6 mmol/l	0,5–2 h/15–70 km
Inlineskaten	80–90 %	4–7 mmol/l	20–45 min /8–30 km
Schwimmen	70–85 %	4–7 mmol/l	10–30 min /1–2 km

(vgl. Kuno Hottenrott, Ausdauertraining, Sports Care 2000)

Kraftausdauer KA

Mit dem Kraftausdauertraining lernt der Organismus, auch bei größerem Krafteinsatz nicht zu ermüden. Damit Sie z. B. während Tempoverschärfungen nicht so leicht aus der Puste kommen. Für jede Ausdauersportart gibt es typische Kraftübungsvarianten. Beim Radfahren z. B. werden höhere Gänge mit einer niedrigen Frequenz getreten. Inlineskater sollten Steigungen in Angriff nehmen. Beim Schwimmen wird empfohlen, Paddels einzusetzen. Und natürlich gibt es viele Workoutprogramme im Fitnessstudio, die speziell auf die Verbesserung der Kraftausdauer zugeschnitten sind.

KA in Zahlen

KA	% max. Herzfrequenz	Laktat	Dauer/Umfang
Laufen	85–95 %	> 4 mmol/l	20–60 min/4–18 km
Radfahren	80–95 %	> 4–6 mmol/l	0,5–1,5 h/15–50 km
Inlineskaten	80–95 %	> 6 mmol/l	15–45 min/5–25 km
Schwimmen	80–90 %	4–7 mmol/l	5–20 min/0,2–1,5 km

(vgl. Kuno Hottenrott, Ausdauertraining, Sports Care 2000)

Wettkampfspezifisches Ausdauertraining WSA

Dieses Training gehört in den Bereich des Spitzensports und dient dazu, wettkampfähnliche Belastungen abzurufen. Tempo und Streckenlänge entsprechen oft den Wettkampfanforderungen, zum Teil werden auch bei geringeren Distanzen höhere Geschwindigkeiten gewählt. Das WSA nimmt im gesamten Trainingsumfang, selbst bei Spitzensportlern, maximal 10 bis 20 Prozent ein.

WSA in Zahlen

WSA	% max. Herzfrequenz	Laktat	Dauer/Umfang
Laufen	> 90 %	4 –> 6 mmol/l	10 – 45 min/3 – 12 km
Radfahren	> 90 %	> 6 mmol/l	0,5 – 1 h/15 – 45 km
Inlineskaten	>90 %	> 7 mmol/l	10 – 40 min/3 – 25 km
Schwimmen	> 90 %	> 7 mmol/l	1 – 15 min/0,1 – 1,5 km

(vgl. Kuno Hottenrott, Ausdauertraining, Sports Care 2000)

Allgemeine Trainingsmethoden

Die verschiedenen Ausdauerbereiche und Trainingsschwerpunkte verlangen natürlich nach einer entsprechenden Umsetzung. Dafür hat es sich bewährt, verschiedene Methoden anzuwenden. Die meisten Trainingsprogramme basieren auf vier Methoden.

Die Dauermethode

Bei der Dauermethode unterscheidet man drei Varianten:

▸ Kontinuierliche Dauermethode
▸ Wechselhafte Dauermethode
▸ Fahrtspiel

Die Dauermethode ist für den Ausdauerbereich im Fitness- und Gesundheitssport die wichtigste Form der Trainingsgestaltung. Neben der Dauermethode gibt es die Intervall-, Wiederholungs- und Wettkampfmethode.

Die kontinuierliche Dauermethode

Diese Methode ist charakterisiert als ein Training mit konstanter Intensität, z. B. gleichbleibender Pulsfrequenz, und hat in erster Linie eine Verbesserung der aeroben Kapazitäten als Ziel. Bei langen Einheiten wird die Anpassung des Fettstoffwechsels gefördert. Diese ist für Sportler, die als Trainingsziel eine Gewichtsreduzierung anstreben, ein ganz wichtiger Aspekt. Das Tempo ordnet sich der vorgegebenen Herzfrequenz unter. Aufgrund der muskulären Ermüdung ist es normal, dass zum Ende des Trainings die Geschwindigkeit sinkt. Wendet man nur diese Methode an, kann dies einige Nachteile haben:

▶ Man wird langsam. Durch die geringe Intensität kommt es kaum zu einer Superkompensation der Kohlenhydratreserven, die für Zwischen- oder Endspurts so wichtig sind. Denn solche Spurts werden durch einen erhöhten Glykogenabbau bewältigt.

▶ Hoher zeitlicher Umfang: Für sportliche Neu- oder Wiedereinsteiger ist diese Methode okay, da sie schon ab 30 Minuten einen Trainingserfolg haben. Gut trainierte Sportler müssen hingegen schon beim Laufen und speziell beim Skaten oder Biken für einen adäquaten Trainingserfolg mehrere Stunden opfern. Dies kann den individuell möglichen Zeitaufwand übersteigen.

▶ Monotonie: Manche Sportler empfinden es als langweilig, stets den gleichen Bewegungsablauf mit gleicher Frequenz und gleichem Kraftaufwand auszuführen.

Die gleichmäßige Belastung insbesondere bei der kontinuierlichen Dauermethode führt bei Trainierten auch oft zu dem so genannten Flow-Erlebnis. Dies umschreibt einen Gefühlszustand, bei dem man ganz in der Aktivität aufgeht und der Spaß und die Freude an ihr zu einer Zentrierung der Aufmerksamkeit auf den Moment führt.

Die kontinuierliche Dauermethode ist unter Freizeitsportlern die beliebteste Trainingsform (Quelle: Zintl 2001).

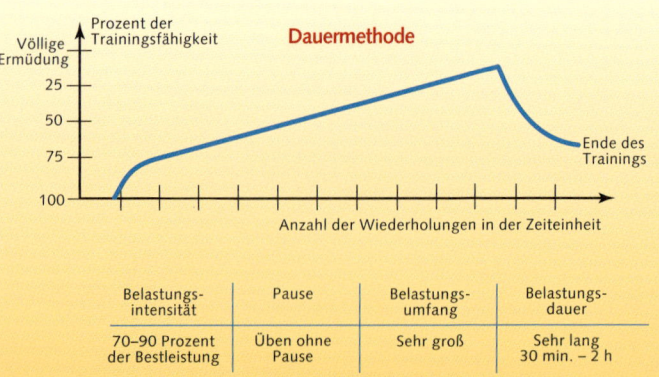

Die wechselhafte Dauermethode

Im Gegensatz zur kontinuierlichen Dauermethode findet hier ein Wechsel der Belastungsintensität innerhalb von vorher festgelegten Strecken oder Zeitabschnitten statt. Man variiert also beim Laufen, Biken oder Skaten zwischen flottem Tempo und gemütlicher Geschwindigkeit oder beim Schwimmen zwischen hoher und niedriger Zugfrequenz. Durch diese Methode wird eine Verbesserung der Mischung aus aerober und anaerober Energiebereitstellung erreicht. Außerdem werden die Laktatkompensation und der Abbau der Milchsäure in der Muskulatur verbessert. Mit dieser Methode lässt sich die aerobe Kapazität besser erhöhen als mit der kontinuierlichen Dauermethode.

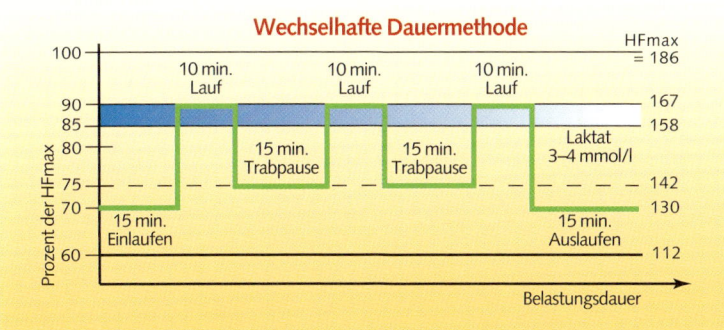

Bei der wechselhaften Dauermethode folgt auf jeden Abschnitt mit schnellerem Tempo ein Teilstück mit niedrigerer Geschwindigkeit (Quelle: Hottenrott 2000).

Die Fahrtspielmethode

Diese Variante ist nichts anderes als eine wechselhafte Dauermethode, bei der das Gelände, das subjektive Empfinden oder sogar der Trainingspartner die Belastungsintensität steuern – von ganz leicht bis fast maximal. Es werden keine festen Herzfrequenzvorgaben gemacht, höchstens eine Obergrenze festgelegt. Allerdings sollte – egal, bei welcher Sportart – auf echte Sprints verzichtet werden, da die

Intensität sonst zu hoch wird. Wichtig ist, dass auf eine Tempover-
schärfung eine Phase mit niedriger Geschwindigkeit folgt. Nur so ist
gewährleistet, dass der Puls wieder sinkt.

Die Intervallmethode

Beim Intervalltraining unterscheidet man zwischen extensiver und
intensiver Belastung. Es ist durch einen systematischen Wechsel von
hohen Belastungsphasen und Erholungsabschnitten gekennzeichnet. Bei der extensiven Intervallmethode wechseln sich relativ lange
Belastungsphasen und aktive Pausen ab. Grundsätzliches Merkmal der
Intervallmethode ist der planmäßige Wechsel zwischen diesen beiden
Phasen. Die Dauer der Pausen kann zwischen 30 Sekunden und mehreren Minuten liegen – abhängig vom Trainingszustand und der Belastungsintensität. Die Pulsfrequenz sinkt dabei auf ca. 120 Schläge ab
(lohnende Pause). Durch die exponenzielle Erholungskurve ist schon
nach dieser Zeit die Hälfte der Leistungsbereitschaft wieder erreicht.

*Die Intervallmetho-
de wird meist in
zwei Trainingsberei-
chen angewandt:
der Grundlagen-
und der Kraftaus-
dauer. Weitere Ziele
sind eine Verbesse-
rung der Mobilisie-
rungs- und der Kon-
zentrationsfähigkeit.*

*Die Grafik zeigt ein
Beispiel für eine Trai-
ningseinheit nach
der extensiven Inter-
vallmethode (Quelle:
Hottenrott 2000).*

Das intensive Intervall

Beim intensiven Intervall sind die Belastungsphasen kürzer, dafür
aber die Intensität höher. Ein Training fürs Laufen könnte wie folgt
aussehen: Nach 15 Minuten Aufwärmen erfolgen jeweils 300-Meter-

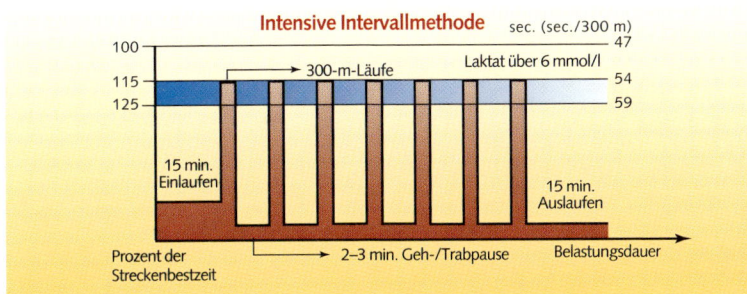

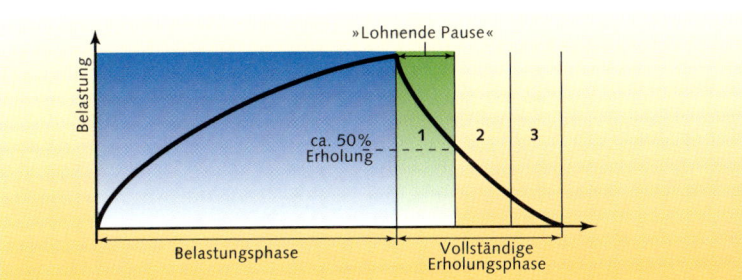

Beim intensiven Intervall ist die Belastung höher, dafür sind aber auch die Pausen länger (Quelle: Hottenrott 2000).

Während der vollständigen Erholung nach einer Belastung regeneriert der Körper nach einem Drittel der Zeit bereits zur Hälfte: die »lohnende Pause« (Quelle: Zintl 2001).

Anders als die Dauermethode ist die Wettkampfmethode im Freizeitsport eine eher selten angewandte Trainingsform. Sie soll u. a. das taktische Verhalten während eines Wettkampfs schulen, z. B. Einteilung eines Rennens, Verhalten gegenüber Gegnern etc.

Abschnitte mit etwa 115 Prozent der Streckenbestzeit. Liegt die Bestzeit bei 47 Sekunden, so müsste die Distanz in etwa 54 Sekunden absolviert werden. Danach erfolgt eine Geh- oder Trabpause von zwei bis drei Minuten, dann der nächste 300-Meter-Abschnitt in der vorgegebenen Zeit. Das Ganze wird sechs- bis zwölfmal wiederholt. Den Abschluss bildet ein ca. 15 Minuten langes Cool-down in Form von Auslaufen. Der Laktatwert steigt dabei auf über 6 mmol/l.

Die Wiederholungsmethode

Die Wiederholungsmethode hat große Ähnlichkeiten mit dem Intervalltraining, allerdings wird zwischen den intensiven Belastungsabschnitten eine vollständige Pause eingelegt, bei der sowohl Atmung als auch Kreislauf auf das Ausgangsniveau zurückkehren und sich die Muskulatur teilweise erholt. Die Herzfrequenz sinkt in den

Trainingspausen unter 100 Schläge pro Minute ab, in den Belastungsphasen sollten fast 100 Prozent der maximalen Herzfrequenz erreicht werden.

Die Wettkampfmethode

Sie wird zur Überprüfung der wettkampfspezifischen Leistung eingesetzt. Es werden die Wettkampfstrecke oder etwas kürzere oder längere Abschnitte mit maximaler oder submaximaler Intensität absolviert. Sie wird eigentlich nur vor Wettkämpfen eingesetzt.

Überblick über die Trainingsbereiche und -methoden

	Ziel	Methode
Regeneration	▸ Wiederherstellung und Regeneration	▸ Dauermethode
Grundlagenausdauer GA 1	▸ Verbesserung des Fettstoffwechsels ▸ Erhöhung der aeroben Kapazität	▸ Dauermethode ▸ Fahrtspiel
Grundlagenausdauer GA 2	▸ Erhöhung der anaeroben Schwelle ▸ Vergrößerung der Glykogenspeicher	▸ Fahrtspiel ▸ Wechselhafte Dauermethode ▸ Extensives Intervalltraining
Kraftausdauer KA	▸ Höhere Kraftanstrengungen werden über längere Zeit ermüdungsfrei überstanden	▸ Intensives Intervalltraining ▸ Wiederholungsmethode
Wettkampfspezifische Ausdauer WSA	▸ Erhöhung der Laktattoleranz ▸ Längeres Aufrechterhalten der Spitzengeschwindigkeit ▸ Taktische Schulung	▸ Intensives Intervalltraining ▸ Wiederholungsmethode ▸ Wettkampfmethode

Steuerung und Regelung des Ausdauertrainings

Training ist gut, gezieltes Training besser. Bevor Sie loslegen, sollten Sie wissen, wo Sie überhaupt stehen. Wie gut ist Ihr Fitnesszustand, wo liegt Ihre aerob-anaerobe Schwelle, was ist Ihr maximales Tempo beim Schwimmen, Radfahren, Laufen oder Skaten?

Doch nicht nur am Anfang Ihrer Ausdauersportkarriere ist dies von Interesse. Auch wenn Sie länger pausiert haben oder wissen möchten, wie sich Ihr Fitnesslevel nach einigen Monaten verändert hat, ist es ratsam, sich einem kleinen Test zu unterziehen. Nur so können Sie sicher sein, dass Sie sich nicht zu viel abverlangen oder Ihr Training unter Umständen völlig uneffektiv ist. Einsteiger, insbesondere wenn sie schon älter als 35 Jahre sind, sollten sich einer sportärztlichen Untersuchung unterziehen. Die wichtigsten Steuergrößen für Ausdauersportler sind die Herzfrequenz und der Blutlaktatwert.

> Leistungssportler können bis zu 90 Prozent ihrer Leistungsreserven abrufen, bei Untrainierten liegt der Maximalbereich bei lediglich 70 Prozent. Auf die restlichen 30 Prozent, die so genannten autonom geschützten Reserven, kann der Körper nur in Extremsituationen, wie etwa Todesangst, zurückgreifen.

Der Cooper-Test

Bei diesem Lauftest wird überprüft, welche Strecke Sie innerhalb von zwölf Minuten zurücklegen können. Am einfachsten lässt sich der Cooper-Test im Stadion durchführen, da Sie so problemlos die gelaufene Strecke messen können.

Anhand der Tabelle auf Seite 76 ermitteln Sie Ihr Fitnesslevel und die Tempovorgaben für ein intensives Dauerlauftraining. Der Vorteil dieses Tests ist, dass er recht einfach durchzuführen ist und Sie außer einer Stoppuhr keine technischen Hilfsmittel benötigen.

Nachteile des Cooper-Tests

▸ Völlig Untrainierte kann ein Lauf über zwölf Minuten schon deutlich überfordern.

▸ Der Test ist eine Maximalbelastung, die ohne ärztliche Überwachung nicht ohne Risiko ist.

▸ Der Test gibt lediglich Auskunft über die Gestaltung der Laufgeschwindigkeit, ist aber nicht übertragbar auf Skaten, Schwimmen oder Radfahren.

▸ Eine Belastung von zwölf Minuten stellt völlig unterschiedliche Anforderungen an Untrainierte und Trainierte. Jemand, der körperlich fit ist, kann den Lauf mit sehr hohen Laktatwerten (bis 13 mmol/l), also im anaeroben Bereich, absolvieren. Ein Untrainierter läuft dagegen mit 4 bis 5 mmol/l an der aerob-anaeroben Schwelle, um überhaupt die Distanz bewältigen zu können.

Die Tabelle zeigt, mit welcher Geschwindigkeit Sie ein intensives Dauerlauftraining absolvieren sollten. Grundlage für das angegebene Tempo ist der Cooper-Test.

12-min-Test (m)	Intensives Dauerlauftraining (km/h)
2600	11,0 (10,5 – 11,5)
2700	11,5 (11,0 – 12,0)
2800	12,0 (11,6 – 12,4)
2900	12,6 (12,3 – 12,9)
3000	13,1 (12,8 – 13,4)
3100	13,6 (13,3 – 13,9)
3200	14,1 (13,7 – 14,5)
3300	14,6 (14,1 – 15,1)
3400	15,1 (14,6 – 15,6)
3500	15,6 (15,0 – 16,2)

Der Conconi-Test

Bei diesem Test wird das Lauftempo ins Verhältnis zur Herzfrequenz gesetzt. Dabei werden nach dem Aufwärmen im Stadion jeweils 200-Meter-Abschnitte zurückgelegt. Alle 200 Meter wird die Pulsfrequenz notiert und das Tempo um 0,5 Stundenkilometer erhöht. Die Geschwindigkeit wird so lange gesteigert, bis die maximale Leistung erreicht ist und Sie nicht mehr weiter beschleunigen können.

Nun werden Pulsfrequenz und Tempo in einem Koordinatensystem in ein Verhältnis gesetzt. Dabei ist zu beobachten, dass knapp unter der Maximalbelastung die bis dahin gleichmäßig ansteigende Gerade abknickt.

Dieser Bereich wird als Conconi-Schwelle bezeichnet. Aufgrund des grafischen Verlaufs lassen sich nun die unterschiedlichen Trainingsbereiche definieren. Die Durchführung des Conconi-Tests birgt jedoch ebenso einige Probleme.

Der Conconi-Test ist eine günstige Alternative zum aufwändigen Laktatstufentest.

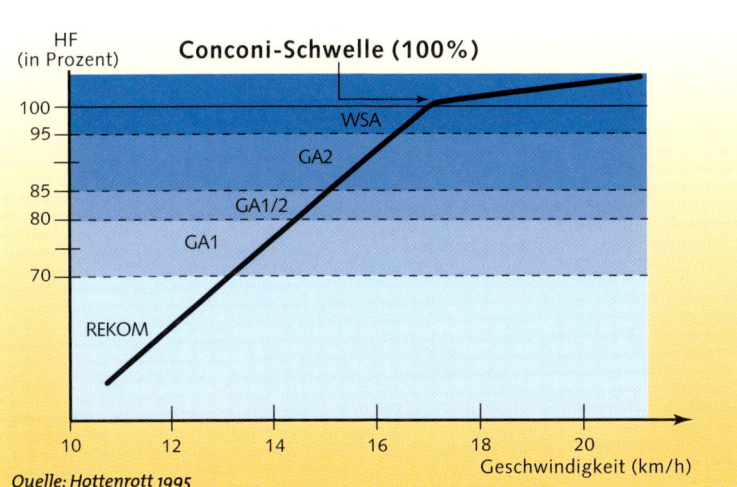

Quelle: Hottenrott 1995

Nachteile des Coconi-Tests

▸ Der Test verlangt eine maximale Ausbelastung.

▸ Die genaue Einhaltung der Temposteigerung ist schwer umzusetzen (nur mittels Tempotabellen). Einfacher ist der Test auf einem

Laufband durchzuführen, bei dem die Geschwindigkeit exakt eingestellt werden kann.

▸ Man benötigt mindestens zwei Helfer, die an den 200-Meter-Mess-
stellen die entsprechenden Werte in ein Protokoll eintragen.

▸ Das Herzfrequenzverhalten an den Messpunkten ist meist nicht
idealtypisch. Daher ist bei der Auswertung nicht zwingend eine sau-
bere, lineare Gerade erkennbar.

Der Stufentest mit Laktatbestimmung

Am genauesten lässt sich das Ausdauertraining über den Laktatgehalt der Milchsäure im Blut (Laktatwert) steuern. Der Laktatwert lässt
sich aber nur mittels Blutabnahme ermitteln. Ein Belastungsstufen-
test auf einem Laufband oder Radergometer, bei dem der Laktatanfall
im Verhältnis zur Pulsfrequenz und der Geschwindigkeit gemessen
wird, muss daher im Labor durchgeführt werden.

Die sportmedizinische Leistungsdiagnostik

Eine sportmedizinische Untersuchung mit exakter Bestimmung von
Laktatwerten, aerob-anaerober Schwelle, Lungenvitalkapazität, maximaler Sauerstoffaufnahme, Maximalpuls und optimalen Trainings-
pulsbereichen wird bei Ausdauersportlern immer beliebter. Was bislang nur Leistungssportlern vorbehalten war, wird inzwischen von
vielen sportmedizinischen Instituten für Hobbyathleten angeboten
(Adressen siehe Umschlaginnenseiten). Die Kosten liegen zwischen
100 und 500 Euro, je nach Umfang der untersuchten Parameter.

Ausbelastung mit Pulskontrolle

Sinnvoll ist ein Test mit Ausbelastung, da so auch die maximale Herzfrequenz festgestellt werden kann. Und das unter medizinischer Aufsicht. Aus dem Verlauf der Herzfrequenzkurve und dem Laktatanfall

Zur Feststellung Ihres Fitnessstatus ist eine medizinische Grunduntersuchung inklusive eines EKGs – möglichst eines Belastungs-EKGs – in jedem Fall anzura-ten. Ein Sportarzt untersucht Sie auch speziell auf mögli-che Haltungsfehler, unterschiedliche Beinlängen oder Fußfehlstellungen.

lassen sich dann optimal die Trainingspulsfrequenzen für die verschiedenen Belastungsintensitäten festlegen. Bei diesem Test wird schrittweise die Geschwindigkeit erhöht. Dabei wird die Herzfrequenz aufgezeichnet. Zwischen den einzelnen Tempostufen wird jeweils etwas Blut am Ohr abgezapft, um den Laktatgehalt zu bestimmen. Das Tempo wird so lange gesteigert, bis Sie nicht mehr können. Dann haben Sie Ihre maximale Herzfrequenz erreicht. In der Auswertung werden Herzfrequenz und Laktatanfall in Beziehung gesetzt – so können die unterschiedlichen Trainingsbereiche bestimmt werden. Für die einzelnen Intensitätsbereiche und Trainingsmethoden werden dann bestimmte Prozentangaben von der maximalen Herzfrequenz festgelegt (siehe Trainingsbereiche).

Besonders ratsam ist die sportmedizinische Leistungsdiagnostik, wenn der Arzt aus gesundheitlichen Gründen zu Ausdauersport rät. Zum Teil übernehmen sogar Krankenkassen (speziell die privaten Kassen) die gesamten oder zumindest einen Teil der Kosten für diesen Leistungsstufentest.

Die Herzfrequenz steigt linear mit der Laufgeschwindigkeit an. Die Laktatproduktion hingegen erhöht sich erst im Bereich der anaeroben Schwelle (ca. 4 mmol/l) explosionsartig (Quelle: Steffny/Pramann 1998).

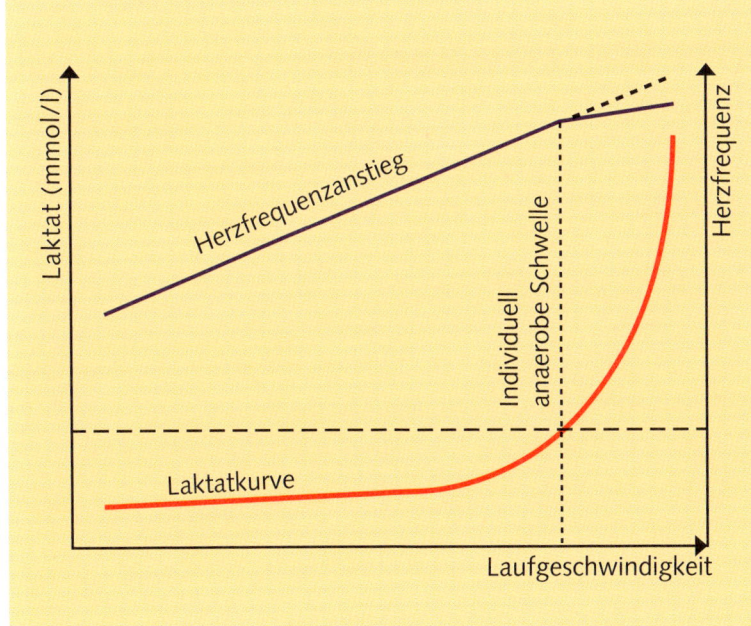

79

Mit einem Herz-
frequenzmesser
können Sie sowohl
die Belastungsinten-
sität Ihres Trainings
kontrollieren als
auch Aufschluss
über Ihren momen-
tanen Leistungs-
stand gewinnen.
Beides ist wichtig,
um Trainingsfehler
zu vermeiden.

Für wen sich Fitnesstests eignen

▸ Leistungssportler, die eine absolut präzise Trainingskontrolle benötigen

▸ Wiedereinsteiger über 30 Jahre, die lange keinen Sport mehr ausgeübt haben

▸ Hobbysportler, die körperliche Probleme (etwa Gelenkschmerzen) beim Sport haben

▸ Freizeitsportler über 35 Jahre, die erstmals an einem größeren Wettkampf teilnehmen wollen

Trainingskontrolle anhand der Herzfrequenz

Am einfachsten, genausten und effektivsten lässt sich das Training über die Herzfrequenz steuern. Es gibt zwei Möglichkeiten, diese zu bestimmen.

Die manuelle Methode

Hierbei tasten Sie Ihren Puls mit zwei Fingern an der Halsschlagader oder am Handgelenk ab und zählen die Schläge in einer bestimmten Zeiteinheit. Um den Ruhepuls zu bestimmen, notieren Sie die Anzahl der Schläge über 15 Sekunden, nehmen diese Zahl mal vier, und Sie haben Ihre Pulsfrequenz für eine Minute.
Um Ihren Puls während des Ausdauertrainings bzw. im Anschluss daran zu bestimmen, zählen Sie lediglich die Herzschläge innerhalb von zehn Sekunden, und multiplizieren Sie diesen Wert danach mit sechs.

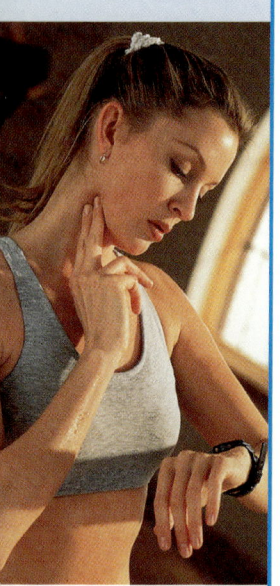

Pulsmessen per Hand: einfach, aber ungenau.

Pro und kontra manuelle Kontrolle

Die Vorteile der Methode: Sie brauchen keine Geräte, können Sie überall durchführen, selbst beim Schwimmen, und es entstehen keine Kosten. Daneben hat die manuelle Kontrolle aber auch Nachteile: Sie ist sehr ungenau, denn schon wenn Sie sich um einen Schlag verzählen, sind Abweichungen von vier bis sechs Schlägen mehr oder weniger die Folge. Außerdem haben Sie keine Kontrolle während der Belastung, sondern nur nach dem Training. Um unmittelbar nach einer Trainingseinheit den Puls zu messen, müssen Sie abrupt anhalten, statt langsam auszulaufen oder das Cool-down-Programm anzuschließen. Weiteres Minus: Anfänger und ältere Sportler haben oft Probleme, ihren Puls zu fühlen.

Bequem – Herzfrequenzmessgeräte

Am Puls der Zeit sind Sie mit einem tragbaren Pulsfrequenzmesser. Bei diesen Geräten nimmt ein schmaler Brustgurt die Herzfrequenz auf und sendet sie per Funk an eine spezielle Armbanduhr am Handgelenk, von der man den Wert ablesen kann. Diese Geräte haben die Trainingssteuerung für Freizeitausdauersportler enorm vereinfacht. Denn nun ist es möglich, während des gesamten Trainings die Herzfrequenz im Blick zu behalten, seine Intensitäten genau einzuhalten und trainingsspezifische Veränderungen sofort zu registrieren.

Pro und kontra Pulsuhr

Vorteilhaft dabei ist die ständige Pulskontrolle und die sehr exakte Messung. Je nach individuellem Anspruch gibt es unterschiedliche Modelle und Funktionen. Bei manchen können Intensitätsbereiche vor dem Workout eingespeichert werden, bei anderen ist die Trainingsauswertung am Computer möglich. Der einzige Nachteil sind die Kosten: Manche Pulsmesser sind sehr teuer.

Das Angebot an Herzfrequenzmessgeräten ist vielfältig und die unterschiedlichen Ausstattungen verwirrend.

Herzfrequenzmesser bieten Genauigkeit, die allerdings ihren Preis hat.

Die richtige Anwendung der Pulsmesser

▸ Anschnallen und den Gurt fest ziehen: Der Gurt sollte kurz unterhalb der Brustmuskulatur getragen werden. Ist die Datenübertragung lückenhaft, kann es sein, dass der Gurt nicht fest genug gezogen ist.

▸ Wasserfilm: Befeuchten Sie den Sensor des Gurtes vor dem Training mit ein paar Tropfen Wasser. So verbessern Sie die Datenübertragung.

▸ Störfaktor: Verschärfen oder verlangsamen Sie das Tempo, benötigt die Pulsuhr etwa 15 Sekunden, um sich auf den neuen Wert einzupegeln. Steigern Sie daher das Tempo nur langsam. So treiben Sie den Puls nicht in unkontrollierbare Höhen.

▸ Cool bleiben: Das Herz reagiert auf Temperaturschwankungen. Wird es draußen heiß, steigt auch Ihr Ruhepuls – und somit Ihre Pulsfrequenz während des Trainings. Der Körper hat dann schon genug mit der höheren Belastung durch die Hitze zu kämpfen. Gehen Sie das Training also etwas lockerer an.

▸ Stressfrei trainieren: Lassen Sie sich von dem Pulsmesser nicht unter Druck setzen. Die angegebenen Trainingsfrequenzen sind Richtwerte. Wenn Sie merken, dass Sie beim Training ständig auf die Uhr schauen, lassen Sie das Gerät einfach mal einen Tag zu Hause.

Für Anfänger gilt: Sie sollten sich hinsichtlich der Geschwindigkeit auf keinen Fall allein an Pulsvorgaben orientieren. Denn zu Beginn können Sie durchaus sehr hohe Pulswerte erzielen, ohne entsprechend schnell zu skaten oder zu biken. Verlassen Sie sich daher erst mal auf Ihr eigenes Gespür für das richtige Tempo.

Erst informieren, dann kaufen: Bei der Wahl einer Pulsuhr hilft Ihnen auch der Test auf der nächsten Seite.

Tipps zum Kauf von Herzfrequenzgeräten

Um Ihnen die Entscheidung zu erleichtern, welche Funktionen Sie überhaupt benötigen, haben wir hier einen kleinen Test für Sie: Der Buchstabe, den Sie bei der Beantwortung der fünf Fragen am häufigsten ankreuzen, entspricht Ihrem Pulsmessertyp.

Wie häufig trainieren Sie pro Woche?
A ☐ 1- bis 2-mal
B ☐ 2- bis 4-mal
C ☐ Über 4-mal

Wo trainieren Sie?
A ☐ Im Studio
B ☐ Draußen (Laufen, Biken etc.)
C ☐ Sowohl als auch

Was ist Ihr wichtigstes Trainingsziel?
A ☐ Spaß an der Bewegung
B ☐ Fettverbrennung
C ☐ Leistungssteigerung

Wie planen Sie Ihr Training?
A ☐ Von Tag zu Tag
B ☐ Wöchentlich
C ☐ Langfristig

Wie ausgeprägt ist Ihr Interesse an technischen Geräten?
A ☐ Gar nicht   B ☐ Etwas   C ☐ Groß

Typ A Sie benötigen eigentlich nur einen Pulsmesser, der die aktuelle Herzfrequenz anzeigt. Bewegen Sie sich beim Training hauptsächlich im Freien, ist außerdem eine Stoppuhr sinnvoll, damit Sie wissen, wie lange Sie bereits unterwegs sind. Und um nicht ständig auf die Uhr schauen zu müssen, sind außerdem eine einstellbare Ober- und Untergrenze ratsam. Der Pulsmesser schlägt dann Alarm, wenn Sie zu langsam oder zu schnell werden.

Typ B Für Sie ist ein Pulsmesser optimal, der neben der aktuellen Herzfrequenz auch über eine Ober- und Untergrenze verfügt (siehe Typ A). Außerdem sollte er die durchschnittliche Herzfrequenz während der Einheit anzeigen und eine Zwischenzeitfunktion bieten. So können Sie an einem beliebigen Punkt des Trainings den Pulswert speichern und Ihr Training zu Hause mit früheren Einheiten vergleichen.

Typ C Eine langfristige Kontrolle Ihrer Trainingsdaten ist am bequemsten mit einem Pulsmesser möglich, den Sie nach dem Workout an Ihren PC zu Hause anschließen. Die mitgelieferte Software ermöglicht eine genaue Auswertung.

*Ruhe- und Maxi-
malpuls sind wich-
tige Werte für das
Training.*

Herstellerinfos zu
Herzfrequenzmess-
geräten im Internet:
Ciclo:
www.ciclosport.de
Sigma:
www.sigmasport.de
Huger:
www.huger.de
Polar:
www.polar-electro.de
Cardio-Sport:
www.cardio-sport.de

Bestimmung des Trainingspulses

Wie bereits beschrieben, gilt die Herzfrequenz als die wichtigste
Größe, um das Training zu steuern. Um die unterschiedlichen Intensitäten zu bestimmen, gibt es viele Formeln. In der Regel müssen Sie
dazu Ihren Ruhepuls und den Maximalpuls kennen. Faktoren, die die
Pulswerte beeinflussen, sind: Alter, Fitnesszustand, gesundheitliches
Befinden und Geschlecht. So sinkt z. B. mit höherem Alter der Maximalpuls. Umgekehrt treiben ein schlechter Fitnesszustand oder
gesundheitliche Probleme den Ruhepuls nach oben. Auch Frauen
haben bei gleicher körperlicher Belastung einen ca. zehn Schläge
höheren Puls als ein männlicher Trainingspartner im gleichen Alter.
Den Ruhepuls sollten Sie am frühen Morgen messen. Am einfachsten
direkt nach dem Aufwachen, wenn Sie noch im Bett liegen.
Eine sprunghafte Veränderung des Ruhepulses deutet meist auf eine
gesundheitliche Störung, wie z. B. einen grippalen Infekt, hin. Dann ist
das Training zu reduzieren oder ganz auszusetzen. Um den Maxi-

malpuls zu bestimmen, gibt es verschiedene Möglichkeiten:

▸ Ermittlung über die allgemeine Formel: Maximale Herzfrequenz = 220 minus Lebensalter. In dieser Formel bleiben allerdings viele Faktoren unberücksichtigt, z. B. der Trainingszustand oder das Geschlecht. Zudem kann sie nur ein sehr grober Mittelwert sein, da die individuelle Schwankungsbreite recht hoch ist.

▸ Ermittlung mittels Leistungsdiagnostik: Diese Methode ist am besten und genauesten (siehe Umschlaginnenseiten).

▸ Sportartspezifischer Individualtest: Das ist eine gute Möglichkeit, den individuellen Maximalpuls zu bestimmen. Allerdings sind diese Tests nur Leuten zu empfehlen, die eine gute sportlich-technische Basis haben und über ein gewisses Konditionsniveau verfügen.

Ermittlung des optimalen Trainingspulses

Wer lediglich nach der Dauermethode trainiert oder viel Wert aufs Fatburning legt, kann seinen optimalen Trainingspuls auch mit einer anderen Formel berechnen. Da hier neben dem Ruhepuls auch Faktoren wie Fitness und Alter und die unterschiedlichen Belastungen verschiedener Sportarten berücksichtigt werden, liefert sie genaue und individuelle Werte. Entwickelt wurde diese Formel von Prof. Dr. Dieter Lagerström von der Deutschen Sporthochschule in Köln.

Rechenbeispiel für einen 32-jährigen, mäßig trainierten Läufer mit einem Ruhepuls von 65:
65 + (220 – 24 – 65) x 0,65 = 65 + 131 x 0,65 = 65 + 85 = Trainingspuls 150. Beachten Sie: Punktrechnung geht vor Strichrechnung. Also erst die Klammer ausrechnen, dann mit dem Faktor multiplizieren und den Ruhepuls addieren.

		Untrainiert	Mäßig trainiert	Ausdauer-trainiert	Leistungs-sport
Laufen		↓	↓	↓	↓
Ruhepuls + (220 – ¾ Alter – Ruhepuls)	x	0,6	0,65	0,7	0,75
		Faktor	Faktor	Faktor	Faktor
Biken					
Ruhepuls + (220 – Alter – Ruhepuls)	x	0,6	0,65	0,7	0,75
		Faktor	Faktor	Faktor	Faktor
Schwimmen					
Ruhepuls + (220 – Alter – Ruhepuls)	x	0,6	0,65	0,7	0,75
Vom Gesamtergebnis jeweils 95 Prozent		Faktor	Faktor	Faktor	Faktor
Skaten					
Ruhepuls + (220 – Alter – Ruhepuls)	x	0,6	0,65	0,7	0,75
		Faktor	Faktor	Faktor	Faktor

(Quelle: FIT FOR FUN)

Warm-up und Cool-down

Ähnlich einem festlichen Essen, das durch eine vorzügliche Vorspei-
se und ein delikates Dessert abgerundet wird, gibt es auch für jede Trainingseinheit ein entsprechendes Rahmenprogramm: nämlich das
Aufwärmen und das Cool-down. Während Tennis- oder Squashspie-
ler sich jedoch nur selten dazu aufraffen können, vor dem Match ein
paar Runden um den Platz zu traben, haben Ausdauerathleten den Vorteil, dass sie ihr Warm-up und Cool-down perfekt ins Training integrieren können. Egal, ob beim Laufen, Skaten oder Biken, lassen Sie es
einfach fünf bis zehn Minuten vor dem eigentlichen Training ein
wenig lockerer angehen, bevor Sie richtig loslegen. Wenn Sie dann
nach der Einheit auch noch mal fünf bis zehn relaxte Minuten dran-
hängen, erholen Sie sich viel schneller und haben einen höheren
Trainingseffekt.

Flexibel bleiben mit Stretching

Sowohl zum Warm-up als auch zum Cool-down gehört ein umfas-
sendes Stretchingprogramm. Eine optimale Trainingseinheit beginnt
also mit einem zehnminütigen Aufwärmen und anschließendem
Stretching. Dieses bereitet die Muskeln auf das Training vor, macht sie
elastischer und verhindert so Verletzungen. Dann folgen die Haupt-
trainingseinheit und das Cool-down. Anschließend werden noch einmal die Muskeln gedehnt.
Durch das Training steigt der Muskeltonus, d. h., er steht unter erhöh-
ter Spannung. Das Dehnen lockert die Fasern wieder und schützt Sie
so effektiv vor einem Muskelkater. In der Praxis findet diese Theorie
allerdings leider nur bei wenigen Freizeitsportlern Anwendung. Muss
sie auch nicht. Wer nach der Dauermethode trainiert und keine har-

ten Belastungen, wie beispielsweise intensive Intervalle, auf dem Programm stehen hat, kann auf die Dehnübungen nach dem Warm-up ruhig verzichten. Angewöhnen sollten Sie sich dagegen unbedingt, am Ende jeder Trainingseinheit ausgiebig zu dehnen. Denn viele Ausdauersportler leiden unter verkürzten Muskeln, was zu Haltungsschäden führen kann.

Macht Sinn – Aufwärmen und Abkühlen

Das Aufwärmen dient dazu, die Muskeln auf Betriebstemperatur zu bringen und so Verletzungen zu vermeiden.

▶ Der Kreislauf wird angeregt, der Stoffwechsel sowie der Transport von Sauerstoff und Energie werden beschleunigt.

▶ Die Körpertemperatur steigt auf 38,5 bis 39 °C. Die Muskeln werden besser durchblutet, verkrampfen nicht und können mehr leisten.

▶ Die Elastizität von Muskeln, Sehnen und Bändern steigt ebenfalls durch die verbesserte Durchblutung, und der Bewegungsspielraum vergrößert sich spürbar. Auch ein unvorhergesehener Ausfallschritt führt nicht gleich zur Zerrung.

▶ Schon ein paar Minuten Abkühlung reichen aus, um sich schneller vom Training zu erholen. Selbst nach harten Einheiten müssen Sie sich so am nächsten Tag nicht mit schweren Beinen rumplagen.

▶ Die Muskeln werden weiter gut durchblutet und Stoffwechselendprodukte (z. B. Laktat) schneller abgebaut.

▶ Die geringe Intensität sorgt dafür, dass viel Sauerstoff eingeatmet und aufgestautes Kohlendioxid ausgeatmet wird. Der Körper kommt wieder ins Gleichgewicht.

▶ Die verbrauchten Nährstoffe werden von den Muskeln schneller wieder aufgenommen, wodurch das Verletzungsrisiko sinkt.

Es ist leicht einzusehen, dass der Körper nicht aus dem Stand zu Höchstleistungen gepusht werden sollte. Schließlich setzen Sie sich ja auch nicht in Ihr Auto, starten den Motor und geben Vollgas.

Machen Sie sich lang

Man unterscheidet drei Formen des Stretchings:

▸ Das passiv-statische Stretching
▸ Das aktiv-statische Stretching
▸ Das Anspannungs-Entspannungs-Stretching

Das passiv-statische Stretching

Diese Dehnungsform ist leicht durchzuführen, einfach zu erlernen und sehr effektiv. Sie fördert vor allem die Entspannung der Muskulatur. Die Methode: Der Muskel wird langsam in die Länge gezogen, bis Sie ein leichtes, auf keinen Fall schmerzhaftes Ziehen spüren. Die Dehnungsintensität ist dann genau richtig, wenn das Spannungsgefühl im Muskel nach etwa zwei bis vier Sekunden deutlich nachlässt. Diese Position halten Sie für 10 bis 30 Sekunden.

Lockern Sie langsam die Dehnung. Weitere 20 Sekunden später wiederholen Sie diese Prozedur mit dem so genannten Antagonisten (Gegenspielermuskel). Gegenspieler sind Brust/Rücken, Bauch/Rücken, vorderer/hinterer Oberschenkel, vorderer/hinterer Unterschenkel, Bizeps/Trizeps, Po/Hüfte. Insgesamt wird jede Übung zwei- bis dreimal durchgeführt.

Nehmen Sie beim Stretching eine möglichst bequeme Stellung ein, und atmen Sie ruhig und gleichmäßig. Dehnen Sie ganz sanft, nie, bis es wehtut. Und unterstützen Sie Ihren Körper mit Ihrem Geist: Denken Sie bewusst an die gedehnten Muskeln, versuchen Sie, das Stretching zu fühlen.

Stretchen gehört zu einem vernünftigen Training unbedingt dazu.

So besser nicht! Fehler beim Dehnen

▶ Ruckartige Bewegungen

▶ Nachfedern und Wippen können das Gegenteil der erwünschten Locke-
rung bewirken: Die Muskeln verkrampfen und verspannen sich.

▶ Nicht den Atem anhalten. Das ist ein Zeichen dafür, dass Sie verkrampfen. Bleiben Sie stattdessen locker und entspannt.

Das aktiv-statische Stretching

Bei dieser Stretchingform wird während der Dehnung eines Muskels
sein Gegenspieler angespannt.
Die Methode: Zunächst konzentrieren Sie sich auf die Dehnung des
Muskels. Dann kontrahieren Sie langsam den Antagonisten und
verstärken so die Dehnung. Jede Übung wird nach einer Pause von
10 bis 20 Sekunden wiederholt. Ein solches Dehnprogramm eignet
sich hervorragend bei Muskelgruppen, die sehr verspannt, verkürzt
oder vorgeschädigt sind (etwa durch alte Verletzungen).

Das Anspannungs-Entspannungs-Stretching

Diese Form wird vorwiegend in der Bewegungstherapie eingesetzt,
da sie die Durchblutung fördert und so die Regeneration von ausge-
prägten Verspannungen und Verkürzungen beschleunigt. Außerdem
kräftigt sie zugleich schwache Muskelpartien.
Die Methode: Zuerst wird langsam bis zum leichten Ziehen gedehnt
und dann der Muskel maximal gegen einen äußeren Widerstand
angespannt (Hilfsmittel: Hand, Partner, Wand, Gerät u. a.). Diese Spannung wird sechs bis zehn Sekunden gehalten, und nach zwei bis
vier Sekunden Entspannung wird noch einmal etwa zehn Sekunden
weiter gedehnt. Diese Abfolge wiederholen Sie zweimal.

*Bisher fand man
kaum Unterschiede in
der Effektivität der
drei Stretchingmetho-
den. Differenzieren
Sie jedoch nach dem
Zweck. So sind zur
Einleitung einer Trai-
ningseinheit Partner-
übungen wenig
geeignet, die stati-
schen Formen
dagegen ideal.*

1

2

3

Das Stretching-Workout

▶ **Vorderer Oberschenkel (Strecker)** Aufrechter Stand, wenn möglich, mit einer Hand festhalten. Ein Bein anwinkeln und mit einer Hand um den Knöchel greifen. Den Fuß langsam zum Gesäß ziehen und die Hüfte vorschieben, bis Sie ein leichtes Ziehen im Oberschenkelstrecker spüren (Bild 1).

Besonders geeignet für Läufer und Biker

▶ **Adduktoren** Auf den Boden setzen. Die Fußsohlen gegeneinander legen und zum Körper ziehen. Die Knie Richtung Boden drücken, unter Umständen mit den Ellenbogen etwas nachhelfen.

Besonders geeignet für Läufer und Skater

▶ **Adduktoren** Gehen Sie in einen weiten Grätschschritt. Beugen Sie sich über ein Knie, den Fuß des gestreckten Beines stellen Sie quer. Stützen Sie sich mit den Händen auf dem angewinkelten Knie ab, um leichter die Balance zu halten.

Besonders geeignet für Skater und Schwimmer

▶ **Oberschenkelrückseite (Beuger)** Legen Sie einen Fuß erhöht auf, z. B. auf einer Bank oder einem Geländer. Beugen Sie sich mit dem Oberkörper vor, der Rücken sollte dabei möglichst gerade bleiben. Sie können dabei auch leicht mit dem Standbein einknicken (Bild 2).

Besonders geeignet für Läufer, Biker und Skater

▶ **Hüftbeuger** Stellen Sie einen Fuß auf ein Geländer, einen Tisch oder auch eine Bank, und beugen Sie das Knie etwa im rechten Winkel. Stützen Sie sich mit den Händen auf dem Knie ab, und schieben Sie die Hüfte langsam vor.

Besonders geeignet für Läufer, Biker und Skater

▶ **Wade** Aus dem Stand den Rumpf mit geradem Rücken vorbeugen. Ein Bein vorstrecken, das andere beugen. Das Gewicht liegt auf dem gebeugten Bein. Zur besseren Balance können Sie sich auch mit den Händen oberhalb des Knies abstützen (Bild 3).

Besonders geeignet für Läufer und Biker

▶ **Wade** Stellen Sie sich vor ein Geländer oder einen Bordstein, ziehen Sie die Zehen hoch. Lehnen Sie sich mit Ihrem gesamten Körpergewicht leicht nach vorne, bis Sie in der Wade ein leichtes Ziehen verspüren (Bild 4).

Besonders geeignet für Läufer, Biker, Skater und Schwimmer

▶ **Brust/Schulter** Leichte Grätschstellung, in der Hüfte einknicken und den Rumpf vorbeugen. Halten Sie sich mit beiden Armen an einem Geländer oder einer Bank fest. Brust leicht in Richtung Boden drücken.

Besonders geeignet für Biker und Schwimmer

▶ **Unterer Rücken** Setzen Sie sich auf den Boden. Das linke Bein ausstrecken, das andere darüber kreuzen. Mit der rechten Hand aufstützen, den linken Ellenbogen gegen das aufgestellte Bein drücken. Nun den Oberkörper sanft nach rechts drehen. Zur anderen Seite wiederholen.

Besonders geeignet für Läufer, Skater und Schwimmer

▶ **Seitlicher Nacken** Legen Sie den Kopf zur rechten Seite. Ziehen Sie nun mit der rechten Hand den Kopf leicht nach unten, und strecken Sie den linken Arm Richtung Boden. Danach Wechsel der Seite (Bild 5).

Besonders geeignet für Biker und Schwimmer

▶ **Trizeps** Einen Arm neben dem Kopf hoch strecken und den Unterarm beugen, so dass die Hand auf dem Nacken liegt. Mit der anderen Hand den Ellenbogen nach unten ziehen.

Besonders geeignet für Biker und Schwimmer

▶ **Bizeps und Brust** Stellen Sie sich seitlich neben eine Wand, und führen Sie einen Arm waagerecht, gestreckt nach hinten. Dann die Hüfte leicht von der Wand weg drehen.

Besonders geeignet für Schwimmer

▶ **Trizeps und Schulter** Einen Arm rechtwinklig anbeugen und die Hand auf die gegenüberliegende Schulter ablegen. Mit der anderen Hand den Ellenbogen zum Hals drücken (Bild 6).

Laufen ist die natürlichste Fortbewe-
gungsart der Welt – deshalb können
Sie gleich morgen damit anfangen.

Joggen – so weit die Füße tragen

So reicht die Puste länger

Dem Stress davonlaufen

»Vogel fliegt, Fisch schwimmt, Mensch läuft.« Dieses berühmte Zitat von dem ehemaligen Weltklasseläufer Emil Zatopek – die tschechische Lokomotive, wie er genannt wurde – bringt die Sache auf den Punkt. Laufen ist die natürlichste Form der Fortbewegung des Menschen – und die gesündeste zugleich. Joggen macht nicht nur schlank und fit, frischer und lebenslustiger – Joggen stärkt auch das Selbstbewusstsein, die Stressresistenz und das Immunsystem. Das Beste aber ist: Laufen ist verdammt einfach.

Ein ansteckendes Phänomen

Bei so vielen positiven Aspekten fragt man sich: Warum joggen nicht alle Menschen? Ehrlich gesagt: keine Ahnung. Aber wenn die Entwicklung so weitergeht wie in den letzten Jahren, dauert es nicht mehr lange, bis jeder vom Running-Boom angesteckt ist. Der Umsatz der Laufartikelhersteller ist in den letzten vier Jahren kontinuierlich gestiegen, die Anzahl der Volksläufe explodiert.

Es ist der zweite Frühling, den der Laufsport erlebt. Nachdem Anfang der 1970er Jahre in den USA das freudvolle Joggen zur In-Sportart wurde und selbst der damalige Peanut-Präsident Jimmy Carter sich beim Morgen-Run ablichten ließ, wurde Dauerlaufen auch in Deutschland modern. Man hetzte im Englischen Garten in München, lief in Hamburg um die Alster, joggte in Berlin am Wannsee und war glücklich mit sich und der Welt. Das Maß aller Dinge war für jeden Läufer der Marathon – doch diesen zu bestehen war am Anfang des Laufbooms noch jenen hageren Gestalten vorbehalten, die wenig freudvoll dreinschauten und deren Antrieb beim Joggen sich meist auf den Kampf gegen die Uhr reduzierte.

Marathon – die Herausforderung

Heute ist der Leistungsgedanke in den Hintergrund getreten, und doch haben noch nie so viele Menschen an Marathonveranstaltungen teilgenommen wie in den letzten Jahren. Ein Widerspruch? Mitnichten! Den meisten Läufern geht es ums Ankommen. Darum, ein selbst gestecktes Ziel zu erreichen, den eigenen Schweinehund zu überwinden. Der Marathon mit der traditionellen Distanz von 42,195 Kilometern ist der »Mount Everest des kleinen Mannes«. So hat es der ehemalige Deutsche Marathonmeister Herbert Steffny zutreffend umschrieben. Kaum ein Marathonfinisher würde bestreiten, dass er bei seinen ersten Laufversuchen nicht im Entferntesten daran dachte, einmal die magische Distanz zu absolvieren. Doch auch beim Marathon gilt die alte Zen-Weisheit: Jede Reise beginnt mit dem ersten Schritt. Und so fängt die Reise Marathon damit an, die Laufschuhe zu schnüren und die ersten Runden zu drehen. Vielleicht nur einen Kilometer, vielleicht nur mit schnellem Gehen. Allein oder mit Partner. Aber auf alle Fälle mit dem Vorsatz, dem menschlichen Schlendern und Schlurfen, Stolzieren und Stolpern eine fünfte Gangart hinzuzufügen. Also schnüren Sie Ihre Schuhe, und kommen Sie ins Laufen. Schließlich sind Sie ja weder Fisch noch Vogel – oder?

> Grundsätzlich kommt es bei Laufschuhen auf drei Aspekte an: die optimale Passform, die richtige Abstimmung zwischen Stabilität und Dämpfung und den bevorzugten Untergrund.

Gute Gründe fürs Laufen

▸ Laufen ist einfach: Das Einzige, was Sie wirklich benötigen, ist ein Paar vernünftige Laufschuhe. Wenn Sie dann das Joggen als Ihren Sport entdeckt haben, erhöht funktionelle Laufkleidung den Spaß am Traben.

▸ Laufen können Sie immer: Ob vor oder nach der Arbeit, am Wochenende, auf Geschäftsreise, im Urlaub, im Sommer oder Winter, einsam oder gemeinsam – bei keinem anderen Sport sind Sie so flexibel. Und Platz für Laufschuhe ist in der kleinsten Reisetasche.

▶ Der Weg ist das Ziel: Das Wohlbefinden, das sich nach einiger Zeit beim Joggen einstellt, wird zum Selbstzweck. Im lockeren Trab sind die Gedanken auf den Moment fokussiert, ist der Stress des Tages so weit weg wie das Ziel am Start eines Marathons.

▶ Beim Laufen schmilzt das Fett: Bei keiner anderen Sportart verbrennen Sie in der gleichen Zeiteinheit so viele Kalorien wie beim Joggen. Und dafür müssen Sie nicht mal schnell joggen. Ganz im Gegenteil: Beim langsamen, langen Lauf ist der Anteil der Fettverbrennung am größten.

Laufen ist der natürlichste und der billigste Sport: Sie brauchen kein Geld auszugeben für eine teure Ausrüstung, wie z. B. beim Tauchen, für eine hohe Platzmiete, wie z. B. beim Tennisspielen, oder für Mitgliedsbeiträge, wie z. B. im Golfclub. In eines sollten Sie jedoch unbedingt investieren: in Ihre Laufschuhe.

Tipps für Traber

So finden Sie die richtigen Schuhe

Die Auswahl an Laufschuhen ist gigantisch groß, und da die Richtigen zu wählen, fällt nicht immer leicht. Gehen Sie unbedingt in ein Fachsportgeschäft, das eine ausführliche Laufstilanalyse durchführt. Dazu gehören Laufbandaufnahmen oder Spiegelboxbetrachtungen. Joggen Sie bereits, nehmen Sie die alten Schuhe mit – der geschulte Verkäuferblick erfährt schon aus dem Sohlenabrieb und der Schuhverformung einiges über Ihren Stil.

Ein guter Schuh unterstützt Ihren Fuß beim Aufprall und der Abrollbewegung gerade so viel, dass es nicht zu Schmerzen kommt. Andererseits entlastet er die Fußmuskulatur aber auch nur so weit, dass diese in ihrem natürlichen Bereich gestärkt wird.

Darauf kommt es an

▶ *Pronationsstütze (1):* Ein unter dem Fußgewölbe integriertes Plastikelement verhindert das Einknicken des Fußgewölbes beim Abrollen. Im hinteren Sohlenbereich sorgt meist ein festeres Material dafür, dass Sie beim Aufsetzen nicht einknicken.

▶ *Fersenkappe (2):* Der Schuh muss angenehm und fest sitzen. Rutscht die Ferse hin und her oder drückt der obere Rand der Kappe an der Achillessehne, führt dies zu Blasen und Reizungen.

▶ *Schnürung (3):* Die Schnürung darf die Durchblutung nicht stören. Der Schuh muss auch ungeschnürt passen.

▶ *Zehenbox (4):* Im Stehen sollten zwei Zentimeter Platz zwischen Schuh und Fußspitze sein. Die Verstärkung über dem großen Zeh verhindert das Durchstoßen der Zehe.

▶ *Einlegesohle:* Bei Fußproblemen tauschen Sie die Standardeinlegesohle gegen eine orthopädische Sohle.

▶ *Zwischensohle (5):* Die meisten sind aus EVA (Schaumstoff) gefertigt und integrieren je nach Hersteller die unterschiedlichen Dämpfungssysteme. Je dünner die Zwischensohle, umso flexibler und besser das Abrollverhalten, aber desto geringer die Dämpfung.

▶ *Laufsohle (6):* Meist aus Gummi oder Karbongummi. Je breiter die Sohle, umso größer die Stabilität und geringer die Flexibilität beim Aufsetzen. Quereinschnitte erleichtern das Abrollen.

Kaufen Sie Ihre Laufschuhe abends, denn nach der Belastung eines ganzen Tages sind Ihre Füße leicht geschwollen; so laufen Sie nicht Gefahr, ein zu enges Modell zu wählen.

Moderne Joggingschuhe sind wahre Hightech-Geräte.

Mit einem einfachen Test finden Sie Ihre Fußform heraus (Quelle: FIT FOR FUN 05/01).

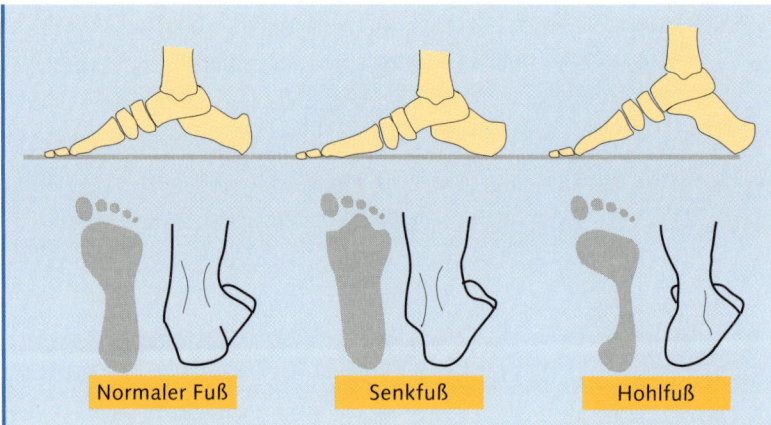

| Normaler Fuß | Senkfuß | Hohlfuß |

Wichtiges Auswahlkriterium beim Schuhkauf: Welche Anforderung stellen Sie? Laufen Sie eher auf geteerten Wegen, dann sollten Sie insbesondere auf eine gute Dämpfung der Schuhe achten. Joggen Sie dagegen mehr im Park, ist die Stabilität des Schuhs wichtiger.

Schauen Sie auf Ihre Füße

Mit einem kleinen Test können Sie Ihre Fußform leichter richtig einordnen und erhalten wichtige Aufschlüsse für die Schuhwahl. Tauchen Sie Ihren Fuß in Wasser, und stellen Sie ihn auf eine glatte Oberfläche oder Löschpapier. Der Abdruck zeigt Ihre Fußform. Normal: Das Fußgewölbe knickt unter der Last des Körpergewichts leicht ein, drückt aber nicht ganz durch. Setzt die ganze Sohle auf und senkt sich der Mittelfuß sehr stark, haben Sie einen klassischen Senkfuß (Überpronierer). Seltener verbreitet ist der Hohlfuß: Hier ist das Fußgewölbe stark nach oben gebeugt, und die Sohle hat nur wenig Bodenkontakt (Unterpronation, meist bei O-Bein-Stellung). Der gewählte Schuh sollte für Ihre Fußform empfohlen sein.

Die zweite Haut

Sicher, bei den ersten Runden reicht noch ein altes Baumwollshirt oder der klassische Jogginganzug. Doch wenn Sie häufiger joggen, sollten Sie spezieller Laufbekleidung den Vorzug geben. Moderne Sportkleidung ist aus funktionellen Fasern wie Coolmax, Dry-Lite,

Lycra, BIOMesh, Gore-Tex oder Windstopper geschneidert. Alle diese Stoffe haben unterschiedliche Eigenschaften. Grundsätzlich sollten Shirts und Shorts, die direkt auf der Haut getragen werden, den Schweiß von der Haut weg an die Oberfläche des Materials transportieren. Wird bei kälteren Temperaturen eine Jacke notwendig, achten Sie darauf, dass diese atmungsaktiv ist, aber trotzdem Wind- und Regen abhält (z. B. Gore-Tex-Membran).

Wichtig ist bei Hosen, Shirts und Jacken, dass sie nicht einschnüren oder die Bewegung stören. Aber keine Angst vor den engen Tights. Der weiche, flexible Stoff macht jede Bewegung mit. Und auch wenn sie nicht optisch jedermanns Sache sind – der dünne Stoff und die körpergerechte Form erhöhen den Spaß am Laufen.

Wissen Sie nicht genau, ob Sie bei kälteren Temperaturen warm genug angezogen sind, hilft folgender Anhaltspunkt: Wenn Sie aus dem Haus kommen und leicht frösteln, stimmt meist Ihre Kleiderwahl – denn durchs Laufen erhöht sich ja die Körpertemperatur.

Seitenstechen – wenn es zieht und zwickt

Die unangenehmen Seitenstiche unterhalb des Rippenbogens treten häufig bei Anfängern auf, die zu schnell loslaufen oder insgesamt ihr Tempo überschätzen. Meist ist das Zwerchfell, das für die Atmung wichtig ist, noch nicht an die erhöhten Anforderungen gewöhnt. Es ist zu wenig durchblutet und schlecht mit Sauerstoff versorgt. Abhilfe: Beim Laufen selbst hilft es, wenn Sie mit einer Hand kräftig auf die schmerzende Stelle drücken und das Tempo verlangsamen. Sollte der Schmerz zu stark sein, machen Sie eine Gehpause. Aber am sinnvollsten ist immer noch die Vorbeugung. Lassen Sie es erst gar nicht zu Seitenstichen kommen, indem Sie langsam loslaufen, zwei Stunden Zeit zwischen Mahlzeit und Lauftraining einplanen und kontrolliert tief ein- und vor allem ausatmen.

Manchmal ist eine üppige Mahlzeit, die kurz vor der Laufrunde eingenommen wurde, die Ursache für Seitenstechen. Der volle Magen »zerrt« am Zwerchfell – und das rebelliert.

Speiseplan für den Süden: wenig Harntreibendes wie Alkohol oder Kaffee. Dafür viel Kalium, Magnesium und Kochsalz, um die Wasserdepots wieder aufzufüllen. Eine Extraportion Kalium steckt in Bambussprossen und Süßkartoffeln, Magnesium in Erbsen und Spinat. Weiße Bohnen oder Sojabohnen liefern beides – und zwar reichlich!

Legendär – der »Runner's High«

Oft beschworen, aber selten erlebt ist der »Runner's High«. Ein Gefühl, bei dem Sie glauben, ewig weiterrennen zu können. Statt müde zu werden, fühlen Sie sich immer frischer. Ursache für diesen Laufrausch sind vom Körper produzierte Endorphine. Diese Hormone haben eine ähnliche Wirkung wie das Rauschmittel Morphin – sie lösen Glücksgefühle aus und befreien von Schmerzen. Diese Endorphine werden jedoch nur in Extremsituationen wie Bungeejumping, Fallschirmspringen oder bei Sportarten mit ähnlich großer psychischer Belastung gebildet. Ob beim Laufen Endorphine ausgeschüttet werden, hängt von der individuellen Veranlagung ab und auch von der Dauer des Laufens. Sie müssen mindestens über eine Stunde dahintraben, um in den Genuss des Runner's High zu kommen. Doch ob Sie dann wirklich den Rausch des Laufens erleben – probieren Sie es aus.

So lässt Sie die Hitze kalt

Hitzefrei gibt es erst ab 32 °C. Im Sommer oder in südlichen Ländern sollten Sie Ihren Trainingsumfang und die Zeitplanung allerdings nach den Temperaturen richten. Grundsätzlich lässt sich auch unter wärmeren Bedingungen noch genussvoll laufen, aber bedenken Sie, dass der Organismus bei großer Hitze stärker belastet ist als sonst. Beachten Sie folgende Maßnahmen:

▸ Noch mehr trinken, vor allem vor dem Laufen. Am besten: natrium- und magnesiumhaltige Mineralwasser oder Saftschorlen.

▸ Passen Sie das Tempo den erhöhten körperlichen Anforderungen an, und schalten Sie einen Gang zurück.

▸ Tragen Sie helle, luftige Kleidung, die genug Luft an die Haut lässt und UV-Strahlen abhält.

▶ Schützen Sie sich mit Sonnencreme vor den UV-Strahlen, aber gehen Sie sparsam mit der Creme um. Denn die Haut kann an den eingecremten Stellen schlechter transpirieren.

Kaltstart – ziehen Sie sich warm an

Es gibt kein schlechtes Wetter, es gibt nur die falsche Kleidung. Fürs Laufen trifft dies auf alle Fälle zu. Schnee, Regen oder Matsch müssen kein Hinderungsgrund sein. Mit der entsprechenden Kleidung bleiben Sie trocken und werden froh sein, doch noch mal ein bisschen frische Luft zu schnuppern. Einziges Problem: Glätte. Wenn es wirklich spiegelglatt ist, verzichten Sie aufs Laufen, oder gehen Sie ins Studio. Ansonsten gilt für die dunkle und kalte Jahreszeit:

▶ Vermeiden Sie Tempobolzerei, und beschränken Sie Ihr Training auf gleichmäßige Dauerläufe.

▶ Tragen Sie Laufkleidung mit Reflektoren, und joggen Sie gegen den Straßenverkehr.

▶ Suchen Sie abends beleuchtete Park- oder Waldwege aus, oder weichen Sie auf Strecken mit Straßenlaternen auf.

▶ Wärmen Sie sich noch intensiver und vorsichtiger auf, und vergessen Sie das Stretching nach dem Training nicht. Doch vor dem Dehnen erst trockene Klamotten anziehen, sonst droht eine Erkältung.

▶ Handschuhe und Stirnbänder oder Mützen sind Geschmackssache. Aber bedenken Sie: Rund 40 Prozent der Körperwärme verlieren Sie über den Kopf und den Hals.

Barfußlaufen – da sind Sie von den Socken

Lassen Sie im Sommer einfach mal Ihre Laufschuhe links liegen. Joggen Sie barfuß im weichen, aber nicht tiefen Sand. Oder suchen Sie sich ein schönes Rasenstück. Barfußlaufen wirkt belebend für die Fußmuskulatur und verbessert die Koordination.

> Dresscode für den Winter: Oberteile mit Reißverschluss, am besten mit Lüftungsklappen hinten; so kann die Temperatur reguliert werden. Und damit es unten nicht zieht: Extralange Socken halten Achillessehnen und Waden schön warm.

Doch verkürzen Sie die Strecke – Barfußlaufen ist wesentlich anstrengender. 20 bis 30 Minuten am Strand reichen anfangs sogar für gut trainierte Läufer.

Und Vorsicht bei tiefem Sand: Hier ist die Belastung für die Achillessehnen ungewohnt groß.

Bodenständig – Asphalt oder Waldweg

Asphalt ist besser als sein Ruf: Mit vernünftigen, gut gedämpften Laufschuhen ist das Joggen auf Teer kein Problem. Im Gegenteil: Die ebene Strecke erleichtert gleichmäßiges, flottes Laufen, ohne die Gefahr umzuknicken. Die Belastung für Gelenke, Sehnen und Bänder ist zwar geringfügig höher als auf einem Feld- oder Waldweg, aber dafür ist der Fußabdruck auch effektiver.

Mit steigendem Training verbessern sich auch die Bein- und Rumpfmuskulatur, und sie stabilisieren so maßgeblich den Fuß beim Aufprall. Nur bei Bergabläufen auf Asphalt kann es bei falscher Technik zu übermäßig großen Belastungen kommen. Hier einen Gang zurückschalten oder, wenn möglich, einen Feldweg bergab suchen.

Massage macht müde Muskeln munter

Beim Laufen werden Füße und Beinmuskulatur stark beansprucht. Gönnen Sie sich öfter mal eine Massage. Entweder massieren Sie sich selbst oder – viel besser – lassen sich von dem Partner verwöhnen. Das Kneten, Walken, Rollen, Streicheln und Reiben fördert die Durchblutung und ist eine Wohltat für die verspannten Muskeln. Auch ein Saunabesuch hilft.

Aber Vorsicht nach einem harten Training oder erschöpfenden Wettkampf: Die zusätzliche Belastung für das Herz-Kreislauf-System kann auch zu viel sein. Deshalb nicht direkt nach einer stressigen Einheit in die Sauna – erst ein bisschen entspannen und viel trinken.

Ihr Kopf sollte beim Laufen hoch erhoben, Ihr Oberkörper eher aufrecht als nach vorne geneigt sein, das Becken darf dagegen leicht nach vorne zeigen. Und: Schwingen Sie nicht mit den Schultern hin und her!

Eine Wohltat danach: Fußmassagen.

Laufen – auch eine Stilfrage

Laufen ist die natürlichste Form der menschlichen Fortbewegung. Und trotzdem ist es erstaunlich, wie viele Fehler man bei dieser so simplen motorischen Anforderung machen kann. Sicherlich, es gibt keinen Laufstil, der für alle gleichermaßen das optimale Maß der Dinge ist. Doch es gibt ein paar Eckpunkte, mit denen die meisten Läufer ihre Bewegung ökonomisieren, die Kraftaufwendungen reduzieren und flott vorankommen können.

Die richtige Lauftechnik ist enorm wichtig. Denn belasten Sie die Ferse zu sehr, kann das zu Gelenk- und Knochenproblemen führen. Laufen Sie dagegen mehr auf den Ballen, steigt das Verletzungsrisiko für Muskeln und Achillessehnen.

Die Schrittlänge

Einsteiger tendieren dazu, zu große Schritte zu machen. Energie wird vergeudet, weil der Fuß zu weit vor dem Körper aufsetzt und so den Schwung abbremst. Besser: Der Fuß setzt minimal vor Ihrem Körperschwerpunkt auf. Laufen Sie im Gelände, querfeldein durch den Wald. Da werden Sie auf natürliche Weise gezwungen, Ihre Schrittlänge zu variieren.

Seltener kommt es vor, dass die Schritte zu kurz sind und Ihr Laufstil an ein Tippeln erinnert. Hierbei vergeuden Sie auch unnötig Kraft, allerdings nicht so gravierend wie bei zu langen Schritten.

Das Abrollen

Die meisten Hobbyläufer setzen mit der äußeren Ferse auf, knicken leicht nach innen, bis die ganze Sohle aufliegt, und stoßen sich schließlich vom Großzehenballen ab. Dieser Fersenlauf ist besonders bei Langstreckenläufern anzutreffen.

Sprinter und auch viele afrikanische Langstreckler setzen über den Vorfuß auf. Bei diesem Ballenlauf erfolgt der Aufprall über den Großzehenballen. Dann setzt kurz der Fuß über den Mittelfuß bis zur Ferse auf und stößt sich wieder vom Großzehenballen ab. Diese Technik ist

Mit Stil ins Ziel – alles Haltungssache!

Auch durch eine falsche Körperhaltung erschweren Sie sich Ihre Laufeinheiten unnötig. Laufen Sie aufrecht, Ihr Blick ist ca. 20 Meter vor Ihnen auf den Boden gerichtet. Sie sind leicht nach vorne geneigt, ohne dabei in der Hüfte abzuknicken. Allerdings: Mit einem Hohlkreuz läuft es sich auch nicht gut.

sehr anstrengend und führt leicht zu Überlastungen der Achillessehne. Angestrebt ist eigentlich ein Kompromiss aus beidem: der Mittelfußlauf. Der Aufprall erfolgt fast über die ganze Sohle, und man rollt dann ebenfalls über den Großzehenballen ab. Diese Technik ist schonend für Gelenke, Bänder und Muskulatur, und trotzdem bleibt das Tempo hoch.

Die Armhaltung

Sicher, Sie laufen mit den Füßen und nicht mit den Armen, aber dennoch sollten Sie die Arme in Ihre Technik integrieren. Bei manchen Läufern sieht es aus, als würden die Arme willenlos neben dem Körper hin- und herschlackern. Andere wiederum veranstalten krampfhaft und mit geballten Fäusten ein Schattenboxen vor der eigenen Brust.

Richtig ist: Ziehen Sie die Schultern nicht nach oben, aber lassen Sie die Arme auch nicht schlapp runterhängen. Bleiben Sie bei Ihrer Armbewegung einfach ganz locker. Die Arme pendeln seitlich neben dem Körper, die Ellenbogen sind mit ungefähr 90 Grad angewinkelt, und die Hände schwingen zwischen Hüfte und unterer Brusthöhe. Die Hände sind dabei locker geschlossen, ohne eine Faust zu bilden, und der Handrücken zeigt nach außen.

Die Atmung

Eine feste Regel für den Atemrhythmus gibt es nicht. Oft stört das Zählen nach Schritten und lenkt die Konzentration von der Umgebung oder dem Laufstil ab. Die nötige Luft holt sich der Körper sowieso, wenn er größere Anstrengungen ausübt. Wichtig ist lediglich das Ausatmen. Denn je kräftiger Sie ausatmen, umso größer ist auch das Volumen, das Sie wieder einatmen. Bis zu einem Drittel lässt sich die Lungenkapazität durch bewusstes Ausatmen erhöhen.

*»Laufen, ohne zu
schnaufen« – ein
guter Anhaltspunkt
für die richtige
Geschwindigkeit.*

Das Problem beim zu
schnellen Joggen: Sie
erreichen nicht Ihr
angestrebtes Trai-
ningsziel, sind anfälli-
ger für Überlastungs-
schäden. Und wenn
Sie viel joggen, dro-
hen Übertrainings-
symptome.

Das Tempo

Die Geschwindigkeit variiert, je nach Trainingsintention, Fitnesslevel und Lauferfahrung. Das optimale Tempo finden Sie, indem Sie sich
an Ihrer Herzfrequenz orientieren. Grundsätzlich kann man sagen,
dass die meisten Läufer zu schnell ihre Runden drehen.

Joggen Sie ohne Pulsfrequenzmesser, versuchen Sie, Ihr »Wohlfühltempo« zu laufen – eine Geschwindigkeit, bei der Sie das Gefühl
haben, alles läuft von selbst. Sie sind weder gehetzt noch außer Atem,
aber auch nicht unterfordert. Ein guter Anhaltspunkt: Sie können sich
noch mühelos mit einem Partner unterhalten.

Für Läufer, die bereits über Erfahrungen verfügen, aber keine Lust
haben, ständig mit einen Herzfrequenzmessgerät zu trainieren, haben
wir eine Tabelle (siehe Seite 106) mit dem jeweils optimalen Trai-
ningstempo zusammengestellt. Voraussetzung: Sie kennen Ihre Zehn-
Kilometer-Bestzeit. Entweder durch einen Wettkampf oder durch
einen schnellen Testlauf.

Mit einem Intervall-training verbessern Sie sowohl Ihre Grund-lagen- als auch Ihre Kraftausdauer. Anfän-ger sollten jedoch erst nach einigen Mona-ten regelmäßigem Training die Intervalle in ihr Laufprogramm einbauen.

Tempotabelle fürs Training

Angegeben sind die Zeiten für:

▸ Langsamen Dauerlauf (LDL), ca. 10 bis 20 km

▸ Flotter Dauerlauf (FDL), 8 bis 15 km

▸ Tempodauerlauf (TDL), 5 bis 8 km

▸ Intervalleinheiten kurz (IK), 400 m

▸ Intervalleinheiten lang (IL), 1 bis 2 km

Beachten Sie bitte: Liegt Ihre Zehn-Kilometer-Bestzeit über 50 Minuten, sollten Sie aufs Intervalltraining verzichten.

Bestzeit 10 km	Zeit pro km	Intervalleinheiten
55 min	LDL 6:15 – 6:30 min	
	FDL 5:45 – 6:00 min	—
	TDL 5:25 – 5:40 min	
50 min	LDL 6:00 – 6:15 min	
	FDL 5:15 – 5:30 min	—
	TDL 4:55 – 5:10 min	
45 min	LDL 5:45 – 6:00 min	IK: 1:40 min
	FDL 4:50 – 5:10 min	IL: 4:20 min/km
	TDL 4:25 – 4:40 min	
40 min	LDL 5:30 – 5:15 min	IK: 1:30 min
	FDL 4:30 – 4:45 min	IL: 3:50 min/km
	TDL 4:00 – 4:10 min	
37:30 min	LDL 5:15 – 5:30 min	IK: 1:26 min
	FDL 4:25 – 4:40 min	IL: 3:40 min/km
	TDL 3:50 – 4:40 min	
35 min	LDL 5:00 – 5:20 min	IK: 1:20 min
	FDL 4:15 – 4:30 min	IL: 3:30 min/km
	TDL 3:40 – 3:50 min	

Nützliche Internet-Links für Jogger

▸ *www.lauftreff.de:* Termine, Trainingspläne, Tipps zur Ausrüstung; gute Seite mit vielen brauchbaren Infos.

▸ *www.lauftipps.de:* Diese Site bietet für jeden etwas – Infos für Einsteiger, Hobbyjogger oder Marathonprofis.

▸ *www.frauen-lauf.de:* Aktiven Walkerinnen und Joggerinnen verrät dieses Portal Termine, interessante Events und Adressen.

Trainingspläne – schrittweise zum Erfolg

Damit Sie richtig in Schwung kommen, haben wir verschiedene Trainingspläne entwickelt – abgestimmt auf unterschiedliche Fitnesslevels, Voraussetzungen und Trainingsziele. Als Steuerung für die Intensität orientieren wir uns an der Herzfrequenz.

Die Belastungsintensitäten beim Laufen im Überblick

Laufen	% max. Herzfrequenz	Methode
Regeneration	60 – 70 %	Dauermethode
Grundlagenausdauer GA 1	70 – 80 %	Dauermethode, Fahrtspiel
Grundlagenausdauer GA 2	80 – 95 %	Fahrtspiel, wechselhafte Dauermethode, extensives Intervalltraining
Kraftausdauer KA	85 – 95 %	Intensives Intervalltraining, Wiederholungsmethode
Wettkampfausdauer WSA	> 90 %	Wettkampfmethode

Herzfrequenztest für sportliche Läufer:
▸ Wärmen Sie sich ca. 20 Minuten auf.
▸ Laufen Sie dann dreimal 1000 Meter mit zunehmender Geschwindigkeit. Dazwischen machen Sie zwei Minuten Trabpause.
▸ Die dritte 1000-Meter-Einheit laufen Sie im maximalen Tempo und machen noch einen kleinen Zielspurt. Die Pulsfrequenz, die Sie dann messen, entspricht Ihrer maximalen Herzfrequenz.

Der Einsteigerplan

Sie haben schon lange keinen Sport mehr gemacht, und Laufen war auch früher nicht gerade Ihre Sache. Aber jetzt möchten Sie mit dem Joggen endlich den Einstieg in einen effektiven Ausdauersport schaffen.

Bei diesem Plan wird einsteigerfreundlich die Belastung nicht anhand der Herzfrequenz, sondern mit Hilfe der Trainingsumfänge festgelegt.

Bitte beachten Sie: Die Geschwindigkeit beim Sport sollte immer Ihrem individuellen Wohlfühltempo entsprechen.

	Montag	Mittwoch	Freitag	Sonntag
1. Woche	Im Wechsel: 2 min Joggen, 1 min Gehpause, gesamt: 21 min	Alternativtraining: 45 min Rad/Inlineskaten oder flottes Walking	Im Wechsel: 2 min Joggen, 1 min Gehpause, gesamt: 25 min	Im Wechsel: 3 min Joggen, 1 min Gehpause, gesamt: 24 min
2. Woche	Im Wechsel: 3 min Joggen, 1 min Gehpause, gesamt: 28 min	Alternativtraining: 60 min Rad/Inlineskaten oder Walking	Frei	Im Wechsel: 4 min Joggen, 2 min Gehpause, gesamt: 30 min
3. Woche	Im Wechsel: 4 min Joggen, 2 min Gehpause, gesamt: 36 min	Alternativtraining: 60 min Rad/Inlineskaten oder Walking	Im Wechsel: 5 min Joggen, 2 min Gehpause, gesamt: 42 min	Frei

	Montag	Mittwoch	Freitag	Sonntag
4. Woche	Im Wechsel: 6 min Joggen, 2 min Gehpause, gesamt: 40 min	Alternativ- training: 60 min Rad/Inlineskaten oder Walking	Frei	Im Wechsel: 6 min Joggen, 1 min Gehpause, gesamt: 42 min
5. Woche	Im Wechsel: 8 min Joggen, 2 min Gehpause, gesamt: 40 min	Alternativ- training: 60 min Rad/Inlineskaten oder Walking	Im Wechsel: 5 min Joggen, 1 min Gehpause, gesamt: 42 min	Im Wechsel: 2 x 15 min Joggen, 3–5 min Gehpause, gesamt: 38 min
6. Woche	Im Wechsel: 8 min Joggen, 1 min Gehpause, gesamt: 45min	Im Wechsel: 5 min Joggen, 1 min Gehpause, gesamt: 50 min	Frei	25 min Joggen am Stück
7. Woche	Im Wechsel: 3 x 10 min Joggen, 2 min Gehpause, gesamt: 36 min	30 min Joggen am Stück	Frei	Im Wechsel: 4 x 10 min Joggen, 2 min Gehpause, gesamt: 48 min
8. Woche	30 min Joggen am Stück	Im Wechsel: 5 min, 10 min, 15 min, 5 min Joggen, jeweils 3 min Gehpause, gesamt: 47 min	Frei	35 min Joggen am Stück

Der Fitnessläuferplan

Sie laufen schon eine ganze Weile, möchten aber in Zukunft kontinuierlicher und vor allen Dingen planmäßiger joggen.

Noch haben Sie keinen konkreten Wettkampf vor Augen, aber längerfristig könnten Sie sich einen Start beim Marathon durchaus vorstellen.

Um Ihr Lauftraining wirklich sinnvoll zu dosieren, benötigen Sie einen Pulsmesser und natürlich Ihre maximalen Herzfrequenzwerte.

1. Woche

Umfang: 20 – 25 km

Montag	Mittwoch	Freitag	Sonntag
30 min lockerer Dauerlauf (DL), GA 1	30 min lockerer DL, GA 1	40 min lockerer DL, GA 1	Frei

2. Woche

Umfang: 20 – 25 km

Montag	Mittwoch	Freitag	Sonntag
45 min lockerer DL, GA 1	45 min Fahrtspiel, GA 1/GA 2	Frei	55 min lockerer DL, GA 1

3. Woche

Umfang: 25 – 30 km

Montag	Mittwoch	Freitag	Sonntag
30 min flotter DL, GA 2	60 min regeneratives Ausgleichstraining (Badminton, Fußball etc.)	30 min lockeres Fahrtspiel, GA 1/GA 2	45 min lockerer DL, GA 1

4. Woche

Umfang: 32 – 38 km

Montag	Mittwoch	Freitag	Sonntag
60 min lockerer DL, GA 1	45 min Fahrtspiel, GA 1/GA 2	60 min lockerer DL, GA 1	30 min intensiver DL, GA 2

5. Woche

Umfang: 35 – 40 km

Montag	Mittwoch	Freitag	Sonntag
35 min Regeneration	40 min flottes Fahrtspiel, GA 1/GA2	75 min lockerer DL, GA 1	50 min Hügellauf oder Intervall, KA

6. Woche

Umfang: 30 – 35 km

Montag	Mittwoch	Freitag	Sonntag
60 min lockerer DL, GA 1	35 min Regeneration	Frei	80 min lockerer DL, GA 1

7. Woche

Umfang: 30 – 35 km

Montag	Mittwoch	Freitag	Sonntag
60 min lockerer DL, GA 1	45 min lockeres Fahrtspiel, GA 1/GA 2	60 min lockerer DL, GA 1	30 min Tempo-DL, GA 2

8. Woche

Umfang: 42 – 47 km

Montag	Mittwoch	Freitag	Sonntag
75 min lockerer DL, GA 1	40 min Intervall, GA 2	20 – 30 min Regeneration	21 km langer DL, GA 2

Der Marathon-Finisher-Plan

Sie laufen schon länger, meist zwei- bis dreimal die Woche, und jetzt möchten Sie endlich Ihren ersten Marathon angehen. Zwölf Wochen Vorbereitungszeit haben Sie dafür eingeplant – und wir haben den Plan für die 42,195-Kilometer-Strecke. Am Anfang muss vor allem mit langen, aber langsamen Läufen die Grundlagenausdauer verbessert werden. Danach wird mit Tempo- und Intervalltraining die Geschwindigkeit etwas nach oben geschraubt. Auf geht's!

1. Woche

Umfang: 40 – 50 km

Montag	Mittwoch	Freitag	Sonntag
45 min lockerer Dauerlauf (DL), GA 1	60 min lockerer DL, GA 1	60 min lockerer DL, GA 1, Kräftigungsgymnastik	45 min lockerer DL, GA 1

2. Woche

Umfang: 45 – 50 km

Montag	Mittwoch	Freitag	Sonntag
45 min lockerer DL, GA 1, Gymnastik	60 min lockerer DL, GA 1	Frei	75 min lockerer DL, GA 1

3. Woche

Umfang: 25–30 km

Montag	Mittwoch	Freitag	Sonntag
35 min Regeneration, Gymnastik	60 min regeneratives Ausgleichstraining (Badminton, Fußball etc.)	60 min lockerer DL, GA 1	30 min flotter DL, GA 2

4. Woche

Umfang: 32 – 38 km

Montag	Mittwoch	Freitag	Sonntag
45 min lockerer DL, GA 1, Krafttraining	75 min lockerer DL, GA 1	30 min flotter DL, GA 1	60 min lockerer DL, GA 1, Gymnastik

5. Woche

Umfang: 40 – 55 km

Montag	Mittwoch	Freitag	Sonntag
45 min Regeneration 30 min Krafttraining	45 min Fahrtspiel, GA 1/GA 2	75 min lockerer DL, GA 1	90 min lockerer DL, GA 1, oder 45 min DL plus 30 min Schwimmen

	Montag	Mittwoch	Freitag	Samstag	Sonntag
6. Woche Umfang: 35 – 45 km	45 min Regeneration, Gymnastik	40 min Tempo-DL, GA 2	Frei	Frei	90 min lockerer DL, GA 1
7. Woche Umfang: 50 – 60 km	45 min Regeneration, Gymnastik	60 min Intervall, KA	60 min lockerer DL, GA 1	Frei	2 x 20 min flotter DL, Ga 2, 10 min Trabpause, GA 1
8. Woche Umfang: 42 – 47 km	45 min Regeneration	60 min lockerer DL, GA 1	30 min flotter DL mit Tempo-steigerung, GA 2	Frei	Wettkampf: Halbmarathon-test, WSA (Ziel: 2h)
9. Woche Umfang: 55 – 60 km	45 min Regeneration	50 – 60 min Intervall, KA	60 min lockerer DL, GA 1	60 min Rad-tour oder 30 min Skaten	150 min lockerer DL, GA 1
10. Woche Umfang: 65 – 70 km	35 min Regeneration	80 min Fahrtspiel, GA 1/GA 2	45 min lockerer DL, GA 1	Frei	150 min lockerer DL, GA 1
11. Woche Umfang: 50 – 60 km	35 min Regeneration	75 min lockerer DL, GA 1	40 min flotter DL, GA 2	Frei	100 min lockerer DL, GA 1
12. Woche Umfang: 55 – 60 km	45 min Regeneration	40 min lockerer DL, GA 1	Frei	20 min locke-rer DL, GA 1, mit kurzen Temposteigerungen	Marathon (Ziel: 4 h)

Radfahren ist Freizeitvergnügen – mit ein bisschen Elan aber auch ein Ausdauerfitmacher: Auf die richtige Dosierung kommt es an.

In die Pedale steigen

In Schwung kommen auf zwei Rädern

Rennradfahren – der Ausdauerklassiker

Sie sind die Helden der Landstraße. Abenteuerliche Geschichten und scheinbar unmenschliche Ausdauerleistungen prägen den Mythos der großen Radrennsportler. Die Profis legen bis zu 40 000 Kilometer im Jahr auf dem Rad zurück – das ist fast einmal um den Globus. Rund sechs Millionen Kurbelumdrehungen sind dafür nötig. Bei der großen Schleife durch Frankreich, der Tour de France, müssen die Pedaleure drei Wochen lang jeden Tag Spitzenleistungen bringen. Tagesetappen bis zu 250 Kilometer werden zum Teil mit einem Durchschnittstempo von 50 Stundenkilometern gefahren. Über die gesamte Distanz von rund 3800 Kilometern haben die Profis einen Schnitt von 40 Stundenkilometern – inklusive aller Bergetappen und Einzelzeitfahren.

Medizinische Untersuchungen zeigen, dass Straßenradsportler allen anderen Athleten in der Ausdauerleistung überlegen sind. Sie haben die größte maximale Sauerstoffaufnahmefähigkeit, das größte Herzvolumen und die größte Lungenkapazität. Der Radsport ist ein hervorragendes Beispiel für die Anpassungsfähigkeit des Organismus an kontinuierliche Trainingsanforderungen.

Biker – immer eine Radlänge voraus

Sie müssen es ja nicht gleich übertreiben und es den Profis nachmachen. 39 000 Trainingskilometer im Jahr reichen auch. Nein, im Ernst: Schon in wesentlich geringerem Umfang werden Sie auf dem Rad enorme Fitnessfortschritte feststellen und profitieren dabei von folgenden Vorteilen:

▶ Großer Aktionsradius: Für Ausfahrten über 60 bis 100 Kilometer müssen Sie kein Profi sein. Und haben ganz nebenbei einen netten Ausflug ins Grüne gemacht, vielleicht eine neue Gegend erkundet.

▶ Geringe Gelenkbelastung: Radfahren belastet bei richtiger Technik und korrekt eingestelltem Bike kaum die Knie- und Fußgelenke. Es ist daher auch im Alter problemlos möglich – ein echter Lifetimesport.

▶ Schön schlapp: Die wohlige Erschöpfung und Müdigkeit ist nach keinem anderen Training so intensiv wie nach einer langen Radeinheit.

▶ Mehr Luft: Beim Straßenradsport ist die maximale Sauerstoffaufnahme – ein Indiz für die Ausdauerleistungsfähigkeit – am größten. Ein Beispiel: Ein untrainierter Mensch zwischen 20 und 30 Jahren hat eine Sauerstoffaufnahmekapazität von 3 Litern pro Minute (l/min). Ein Hochleistungsradfahrer bis zu über 6 l/min. Im Alter nimmt diese Aufnahmekapazität ab, im Schnitt um ein Prozent pro Jahr. Nicht jedoch bei gut trainierten Alterssportlern: So konnte bei 70-jährigen Radsportlern eine Kapazität von 3 l/min festgestellt werden – so viel wie bei untrainierten 30-Jährigen.

Auch nach der großen Tour muss man nur selten leiden: Einen Muskelkater bekommen Sie beim Radfahren fast nie. Denn es gibt keine Stoßbelastung für die Muskulatur, wie z. B. den Aufprall beim Laufen.

Neuester Trend – Fitnessbikes

Diese Räder vereinen die Vorteile eines Rennrads mit den Vorzügen eines Mountainbikes. So haben sie 26-Zoll-Räder, also die Größe eines Mountainbikereifens. Die Schläuche und Mäntel sind dagegen ähnlich schmal wie bei den Rennrädern, um die Rollreibung zu reduzieren. Die Rahmengeometrie entspricht ebenfalls der eines Rennrads. Um den Sitzkomfort zu erhöhen, ist der Lenker jedoch gerade geformt wie beim Mountainbike. Bei der Ausstattung und Übersetzung orientieren sich die Fitnessbikes wiederum am Rennrad. Für den Rennradsport sind die klassischen Rennräder aber immer noch das Maß der Dinge. Und die Räder von heute sind Hightech-Maschinen, die zum Teil unter sieben Kilogramm wiegen.

Rat für den Radkauf

Teurer Einstieg: Ein gutes Rennrad kostet ca. 1500 Euro, für Radbe-
kleidung und Schuhe müssen Sie nochmal 300 Euro rechnen. Allerdings: Treiben Sie dann wirklich intensiv Radsport und rechnen die
Kosten auf die Stunden um, die Sie auf dem Rennrad verbringen, rela-
tiviert sich der Preis. Und ist mit Sicherheit geringer als z. B. die Miete
für einen Squashcourt.

Stets im Bilde mit dem richtigen Rahmen

Für den Rahmen werden drei Materialien verwendet: Stahl, Alumini-
um und Karbon. Die beiden Letztgenannten dominieren zurzeit den
Markt, wobei Karbon zum Teil auch nur für einige Parts eingesetzt
wird (Hinterbau oder Gabel). Vollkarbonrahmen sind noch sehr teuer,
»bockig« und für schwerere Fahrer (ab 80 Kilogramm) ungeeignet.
Drei Anforderungen sollte ein guter Rahmen erfüllen: geringes
Gewicht, gute Steifigkeit und ein hohes Absorbtionsvermögen bei
rauen Straßenbelägen, Schlaglöchern o. Ä. Die Rahmengröße wird in
erster Linie durch die Schrittlänge, die Distanz zwischen Schritt und
Boden, bestimmt. Wichtig: sich beim Kauf für das richtige Maß ohne
Schuhe neben das Rad stellen.

*Ein Nachteil des
Ausdauersports auf
zwei Rädern soll nicht
unerwähnt bleiben:
Rennradfahren kostet
Zeit. Um den gleichen
Kalorienverbrauch zu
erzielen wie beim Lau-
fen, müssen Sie fast
die doppelte Stunden-
zahl rechnen.*

*Materialkunde:
Die Grafik zeigt
die Bezeichnungen
der unterschiedli-
chen Teile eines
Rahmens (Quelle:
Konopka 2000).*

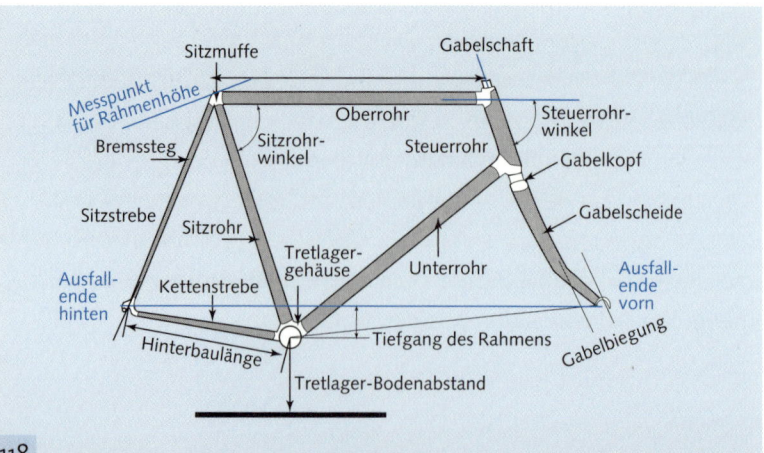

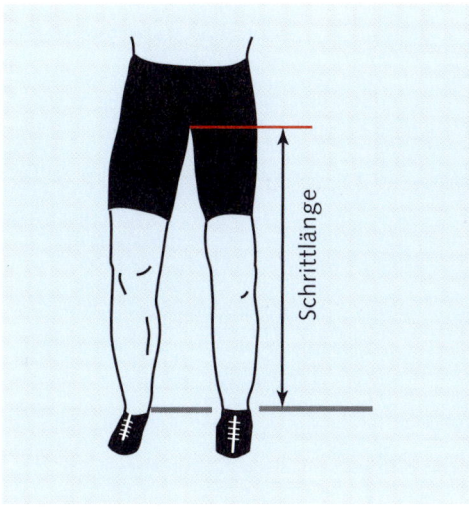

Damit Sie aufrecht und gerade stehen, stellen Sie sich beim Messen der Schrittlänge mit dem Rücken an die Wand (Quelle: Konopka 2000).

Nehmen Sie Maß

Als Rahmenmaß wird die Länge des Sitzrohrs angegeben, gemessen zwischen Oberkante Oberrohr und Mitte Tretlager. Die meisten Rahmen werden in Zwei-Zentimeter-Abständen angeboten (46, 48, 50, … 62, 64 Zentimeter). Weitere wichtige Aspekte sind die Oberrohrlänge und der Vorbau. Man sollte weder zu gestreckt auf dem Rad sitzen, da dies sehr anstrengend und unbequem ist, noch zu aufrecht, da sonst der Windwiderstand zu groß wird. Die optimale Länge von Oberrohr und Vorbau ist vom Oberkörper und von der Armlänge abhängig. Durch die Abstimmung der Vorbaulänge (7 bis 14 Zentimeter) lässt sich diese jedoch anpassen. Liegt man zwischen zwei Rahmengrößen mit seinen individuellen Maßen, sollte man eher den kleineren Rahmen wählen, da kleinere Rahmen leichter und etwas steifer sind.

Tipp: Lassen Sie sich in einem versierten Fachgeschäft genau »vermessen«, und probieren Sie verschiedene Abstufungen von Rahmengröße, Sattelposition und Vorbaulänge aus.

Das passende Rad ist mit Sorgfalt auszuwählen: Auch die Oberkörperlänge, das Verhältnis von Unterschenkel zu Oberschenkel sowie die Armlänge sind für die richtige Rahmengröße relevant.

Die Grafik zeigt die Shimano- und Campagnolo-Komponentengruppen in Bezug zum Gesamtpreis des Rennrads (Quelle: Bike Markt 2001).

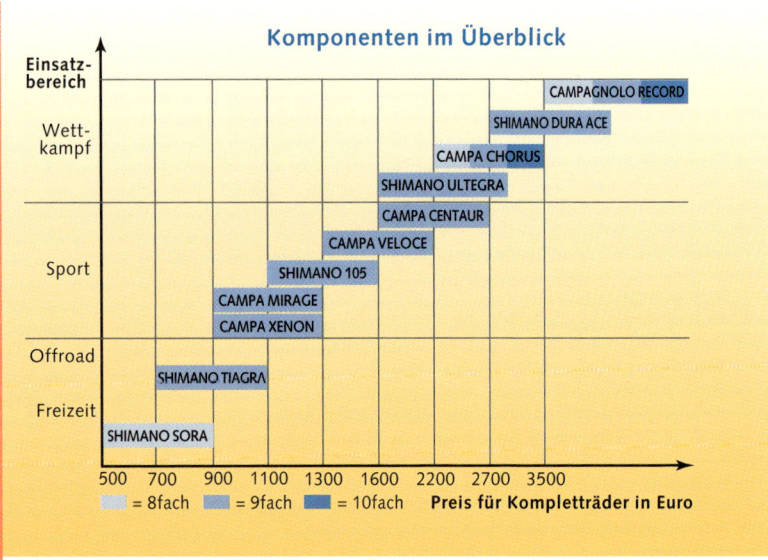

Komponenten im Überblick

Lassen Sie sich nicht nur vom rasanten Design und von technischen Raffinessen beeindrucken: Wie ein flotter Anzug muss auch das Fahrrad perfekt zum Fahrer passen, damit Sie eine gute Figur auf dem Flitzer abgeben.

Die Schaltung – kommen Sie in die Gänge

Durchgesetzt haben sich zwei Kettenblätter vorne und neun oder zehn Ritzel hinten. Einige Hersteller bieten aber auch drei vordere Kettenblätter an wie bei Mountainbikes.

Der Vorteil: Man hat dann natürlich mehr Gänge zur Auswahl, aber die Kosten und das Gewicht steigen. Und wer viel im Flachen fährt, kommt mit 18 Gängen locker aus. Bei den Kettenblättern vorne wird meist eine Kombination von 53/42 Zähnen oder 52/39 gewählt. Standardversion für hinten sind 12 bis 23 Zähne.

Der Sattel – machen Sie es sich bequem

Die Sitzposition und auch der Sattel sind eine sehr sensible Sache. Als Einsteiger wird Ihnen schon allein durch die Vorstellung, mehrere Stunden auf dem schmalen, harten Sattel zu sitzen, Ihr Hinterteil schmerzen. Warum sind die Sättel so geschnitten und nicht breit und soft gepolstert wie bei einem Hollandrad? Dafür gibt es drei einfache Erklärungen:

▶ Beim Rennradfahren ist das Körpergewicht auf drei Punkte gleichmäßig verteilt: auf den Sattel, die Hände und die Pedale – und nicht komplett auf den Sattel wie beim aufrechten Fahren.

▶ Beim sportlichen Biken, wo man weit vorgebeugt ist und eine enge Beinführung anstrebt, muss der Sattel schmal geschnitten sein, damit die Oberschenkelinnenseiten nicht scheuern.

▶ Bei einer hohen Trittfrequenz, wie man sie auf dem Rennrad hat, muss der Abstand zwischen Sitzhöhe und Pedalen konstant sein. Bei einer zu starken Polsterung würde man im Sattel »hüpfen«, was einen ökonomischen Fahrstil verhindert.

Die Einstellung des Sattels

Der Sattel sollte genau waagerecht eingestellt sein (am besten mit einer Wasserwaage kontrollieren). Neigt sich die Sattelnase nach unten, rutscht man leicht nach vorne. Frauen haben oft große Probleme mit dem Schambein auf den schmalen Sätteln. Hier kann ein leichter Neigungswinkel nach vorne zum Teil das Problem lösen. Oder spezielle Frauensättel, die etwas breiter geschnitten sind und durch Aussparungen im Schambeinbereich Druckstellen vermeiden helfen. Als Orientierung für den Abstand zwischen Sattelspitze und Vorbau dient das Ellenmaß. Wenn Sie den Ellenbogen an die Sattelspitze legen, sollten die ausgestreckten Finger den Vorbau gerade berühren. Ist der Abstand zwischen Fingern und Vorbau zu groß, ist das Oberrohr zu lang oder der Sattel zu weit nach hinten geschoben. Mit zwei anderen Fixpunkten lassen sich die richtige Sattelhöhe und der Abstand zum Lenker exakter feststellen. Die Höhe stimmt, wenn die Knie beim Treten nie ganz durchgedrückt sind.

Kontrolle: Die Schuhferse sollte beim Treten gerade noch die Pedale am tiefsten Punkt berühren, das Bein dabei ganz durchgestreckt sein. Stellen Sie jetzt den Fußballen auf die Pedale, hat das Knie einen kleinen Winkel.

Haben Sie sich für den
passenden Radrah-
men entschieden,
geht es ans Einge-
machte: Probieren Sie
so lange, bis auch
Lenker und Sattel für
Sie optimal ausgerich-
tet sind. Denn nur,
wenn Sie sich auf dem
Rad wohl fühlen, kön-
nen Sie zum motivier-
ten Biker werden.

Die Sitzposition

Die korrekte Sitzposition lässt sich anhand von zwei Punkten gut überprüfen:

1. Stellen Sie die Pedale waagerecht. Fällen Sie jetzt von dem vorderen Knie ein Lot. Diese senkrechte Lotlinie sollte durch die Drehachse des Pedals führen. Falls nicht: den Sattel entsprechend etwas nach vorne oder hinten schieben.

2. Ob die Länge des Lenkervorbaus stimmt, kontrollieren Sie anhand der drei unterschiedlichen Griffhaltungen.

Der Oberlenkergriff

Diese Griffhaltung ist die bequemste Variante, da der Oberkörper sich weit aufrichten kann und die Hände entspannt auf dem Lenker aufliegen. Der Nachteil dabei ist allerdings, dass der Windwiderstand steigt. Bei dieser Haltung sollte die Achse des Vorderrads knapp hinter dem Lenker zu sehen sein.

Die Bremsgriffhaltung

Hierbei liegen die Hände auf den Bremsgriffen. Die Ellenbogen sind leicht gebeugt, die Position für die Hände ist angenehm, und man kann jederzeit die Bremsen betätigen oder schalten. Bei diesem Griff verdeckt der Lenker genau die Vorderradnabe.

Der Unterlenkergriff

Dieser Griff ermöglicht die tiefste Position auf dem Rennrad und bewirkt damit einen geringen Windwiderstand. Die Arme sind stark

Bild 1 zeigt den Oberlenkergriff, Bild 2 den Bremsgriff und Bild 3 den Unterlenkergriff.

gebeugt. Allerdings ist diese Haltung recht anstrengend, speziell wenn die Lendenwirbelmuskulatur noch nicht auf die Belastung eingestellt ist. Beachten Sie: In dieser Position sollte die Nabe vor dem Lenker sichtbar sein.

Kleider machen Biker

Auch beim Radrennsport hat sich funktionelle Kleidung durchgesetzt. Fürs Rennradfahren sind grundsätzlich enge Shirts und Shorts – sowie bei Wind und Wetter Jacken – sinnvoll, um den Luftwiderstand so gering wie möglich zu halten.

Das richtige Drunter und Drüber auf dem Rad

▶ *Die Radhose:* Sie ist das wichtigste Kleidungsstück für Biker. Ein integriertes Sitzpolster schützt die empfindlichen Teile des Allerwertesten. Die Hose selbst ist aus dehnbaren Kunststofffasern wie Coolmax, Lycra oder anderen Stoffen gefertigt. Die Shorts sollten fast bis zum Knie reichen, damit die Oberschenkel nicht am Sattel reiben. Um Scheuerstellen zu vermeiden trägt man die Radhosen direkt auf der Haut. Je nach Temperatur gibt es unterschiedlich lange und dicke Hosen. Spezielle Trägerhosen für Biker bieten oft den besseren Sitz.

▶ *Das Radtrikot:* Es sollte eng anliegen, mehrere Taschen auf dem Rücken haben und einen verdeckten, langen Reißverschluss auf der Vorderseite. Das Material sollte windabweisend sein und trotzdem den Schweiß an die Oberfläche transportieren.

Extras sind beispielsweise eine Armventilation. Trikots für kältere Temperaturen sind meist etwas dicker, langärmelig und an der Innenseite angeraut.

Für die kältere Jahreszeit eignen sich Hosen, die am Knie und im Genitalbereich aus windundurchlässigen Stoffen (wie z. B. »Windstopper«) gefertigt sind.

Richtig gerüstet ist Radfahren nochmal so schön.

Wenn Sie Ihre Rad-
schuhe an den Peda-
len befestigen möch-
ten, beim Kauf bitte
berücksichtigen: Ihre
Füße sollten genü-
gend Bewegungsfrei-
heit haben, denn sind
sie zu eng an den
Pedalen fixiert, kann
das Meniskusproble-
me zur Folge haben.

▸ *Jacken:* In der kalten oder auch feuchteren Jahreszeit kommt man um eine windabweisende bzw. regendichte Jacke nicht herum (z. B. Windstopper-Material oder Gore-Tex-Membran). Auch diese sollte eng anliegen und ein paar elastische Schnittelemente haben, um eine gute Bewegungsfreiheit zu gewährleisten.

Für Hände und Füße

Radhandschuhe schützen bei Stürzen vor Hautabschürfungen und sorgen bei langen, anstrengenden Fahrten für einen sicheren Griff am Lenker, auch wenn die Hände schon verschwitzt sind. Außerdem dämpft ein Polster im Bereich des Handballens die starken, punktuellen Belastungen auf der Handinnenseite.

Radschuhe sollten eng sitzen – ohne einzuschneiden –, um eine direkte Kraftübertragung zu gewährleisten. Aus dem gleichen Grund ist eine steife Sohle – bei teuren Modellen aus Karbon – vorteilhaft.

Meshmaterial auf der Oberseite sorgt für genügend Luftzirkulation. Meist werden die Schuhe mit Klettbändern und einer Ratschenschnalle fixiert. Leichte Schuhe sind ebenfalls angenehmer zu tragen und sparen Kraft. Immerhin kommt man selbst als Durchschnittsfahrer mit 3500 Trainingskilometern im Jahr auf rund eine Million Pedalumdrehungen.

Zubehör für mehr Sicherheit

Radhelme bestehen aus einem mehrfach gepressten Styroporschaum und einer speziellen Beschichtung. Sie sollten der gültigen DIN-Norm entsprechen und eine TÜV-Plakette aufweisen. Qualitätsmerkmale sind geringes Gewicht, gute Belüftung mit vielen Luftschlitzen und ein gutes Fixiersystem für eine feste Passform.

Sonnenbrillen sind nicht (nur) modisches Accessoire, sondern schützen die Augen vor Zug, Staub, Insekten oder kleinen, vom Vordermann

aufgewirbelten Steinen. Außerdem filtern sie je nach Tönung netz-
hautbelastende UV-Strahlen aus. Gestell und Gläser sollten aus Kunststoff sein, um im Falle eines Falles – bei einem Sturz – keine Verletzungen zu riskieren.

Alles im Griff auf dem Bock

Radfahren ist einfach, ähnlich wie das Joggen. Und trotzdem gibt es
auf dem Rennrad einige Sachen, die anders sind, als Sie es bislang
vom Radeln kennen.

Der runde Tritt

Ein wesentliches Geheimnis beim Rennradfahren ist der runde Tritt.
Darunter versteht man, dass man über die gesamten 360 Grad einer
Pedalumdrehung Druck und Zug ausübt. Wie wichtig das aktive Ziehen des Beins vom unteren Punkt bis zur Zwölf-Uhr-Position ist, lässt
sich anschaulich erklären: Ein Bein wiegt ungefähr 12 bis 15 Kilogramm,
also rund 20 Prozent des gesamten Körpergewichts. Ist dieses Bein völlig passiv, muss das gegenüberliegende Bein es mit hoch drücken –
dabei geht Kraft unnötig verloren.

Trittfrequenz – drehen Sie nicht durch

Die Trittfrequenz ist neben dem runden Tritt und der Sitzposition die
wichtigste Komponente für einen ökonomischen Fahrstil. Auf dem
Rennrad empfiehlt sich eine hohe Frequenz von 90 bis 110 Umdrehungen pro Minute (U/min). Zum Vergleich: Beim gemütlichen Radeln
auf dem Cityrad tritt man lediglich mit einer Frequenz von 50 bis
60 U/min. Also fast halb so oft. Warum? Die Muskulatur der Radsportler weist einen großen Anteil an Ausdauerfasern auf, zum Teil bis
zu 80 Prozent. Der Anteil der Kraftfasern beträgt nur 20 Prozent.

Entscheidend für das ökonomische Rennradfahren: der runde Tritt. Denn wer nur
nach unten tritt, nutzt lediglich ein
kleines Segment von 90 Grad anstatt der
gesamten 360 Grad, die eine Pedalumdrehung bietet.

Versucht ein Radsportler mit einer geringen Frequenz, aber hohen, Kraft raubenden Gängen eine Strecke zu absolvieren, wird er schnell ermüden. Wählt er die umgekehrte Variante – viele Umdrehungen bei leichten Gängen –, ist dies für seine Muskelfaserstruktur günstiger; er kann die gleiche Strecke ermüdungsfreier bestreiten. Natürlich gibt es nicht eine Trittfrequenz für alle Bedingungen, sondern sie variiert je nach Geländeprofil, Trainingszustand und individuellen Voraussetzungen.

Grundsätzlich lässt sich der runde Tritt in kleineren Gängen mit hohen Frequenzen besser trainieren als mit dicken Übersetzungen. Auch deshalb wird zum Saisonbeginn viel Wert auf ein Grundlagentraining mit hoher Trittfrequenz, aber kleinen Gängen gelegt.

So übt Lance Armstrong

Tour-de-France-Sieger Lance Armstrong trainiert mit folgenden Übungen seinen runden Tritt:

▸ Durch die Sechs-Uhr-Position tritt er, als wolle er Schmutz unter seiner Schuhsohle abstreifen. Bei dem Totpunkt der Zwölf-Uhr-Stellung bedient er sich der Vorstellung, auf einem Fass zu stehen und dieses mit den Füßen nach vorne zu rollen.

▸ Bei Talabfahrten schaltet er in einen niedrigen Gang und erhöht die Trittfrequenz auf 130 bis 150 Umdrehungen pro Minute. Ohne im Sattel zu hüpfen oder mit dem Oberkörper hin- und herzupendeln, wird die Beinarbeit fließender, und der mechanische Wirkungsgrad des schnellen Tretens vergrößert sich.

▸ Das Gleiche können Sie auch in der Ebene trainieren, indem Sie zu Sprints in sehr niedrigen Gängen ansetzen und ebenfalls die Trittfrequenz auf über 130 Umdrehungen steigern.

▸ Eine weitere Übung ist das Pedalieren mit nur einem Bein. Jetzt sind Sie gefordert, ständig Druck bzw. Zug auf das Pedal auszuüben. Wenn Sie sich nicht ganz sicher fühlen, trainieren Sie erst einmal auf einem Ergometer.

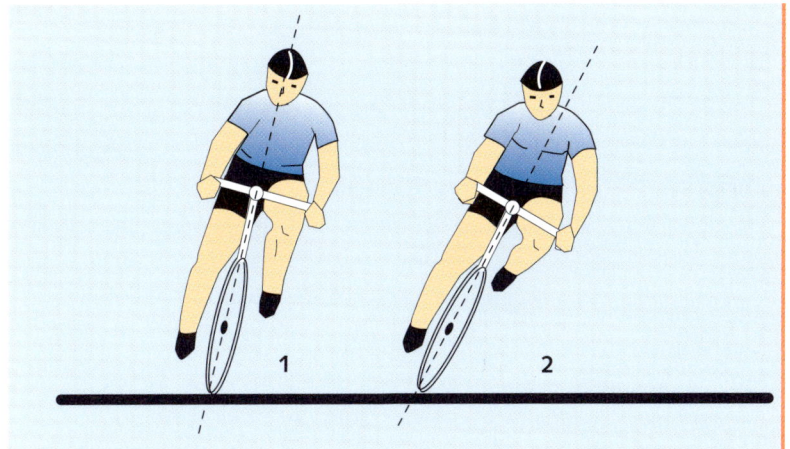

Kurventechnik – so kriegen Sie den Bogen raus

Ziel ist es, jede Kurve mit der maximal möglichen Geschwindigkeit zu durchfahren. Dies verlangt allerdings viel Erfahrung, Mut und auch Vertrauen in Ihr Bike. Fahren Sie zu schnell in die Kurve, besteht die Gefahr, dass Sie herausgetragen werden, da die Fliehkräfte zu groß werden oder Sie wegrutschen. Zur richtigen Kurventechnik gehört also mehr als Bremsen und den Lenker einschlagen:

▸ Meist müssen Sie das Tempo für die Kurve reduzieren. Abbremsen sollten Sie aber schon vor der Kurve und nicht erst in der Schräglage. Wie stark Sie abbremsen müssen, hängt vom Kurvenradius, der Geschwindigkeit und Ihren Erfahrungen ab.

▸ Das innere Pedal ist oben. Dadurch kann es nicht aufsetzen, und Sie können mit dem kurvenäußeren Bein Druck auf das Pedal geben. Dies ist wichtig, um das Rad zu stabilisieren. Denn es gilt: mehr Stabilität, mehr Tempo.

▸ Falls Sie eine Kurve unterschätzt haben und abbremsen müssen, immer beide Bremsen betätigen.

Hohes Tempo und unübersichtlicher Straßenverlauf bergen einige Tücken: Stürze können auch auftreten, wenn Sand oder Schmutz in der Kurve liegen oder Sie das kurveninnere Pedal auf Sechs-Uhr-Stellung haben und es aufsetzt.

Greifen Sie beim Kurvenfahren den Lenker immer im Unterlenkergriff. So liegt der Körperschwerpunkt niedriger, und Sie haben Lenker und Bremsen sicher im Griff. Außerdem: Rutschen Sie auf dem Sattel weiter nach hinten. Dadurch erhöhen Sie den Druck auf das Hinterrad.

Mit der richtigen Technik sind auch Berge kein Problem für Biker.

Die zwei Fahrvarianten

1. Fahrer und Rad nehmen in der Kurve die gleiche Schräglage ein, die Beine sind dabei parallel zum Rahmen. Aber Achtung: Auf Asphalt beträgt die maximale Neigung etwa 73 Grad; mehr kann zum Sturz führen. Viele Fahrer stellen auch das kurveninnere Knie aus, um mehr Gewicht in die Kurvenmitte zu bringen. Doch diese Maßnahme destabilisiert das Rad auch. Lance Armstrong z. B. verfolgt eine andere Technik: Er schiebt das innere Knie eher zum Oberrohr, um so den Druck auf das kurvenäußere Pedal zu erhöhen.

2. Sie drücken das Rad in die Kurve und bleiben selbst relativ aufrecht. Dabei ist der kurvenäußere Ellenbogen gebeugt, der innere fast gestreckt. Der Kopf bleibl senkrecht zur Straße, um das Gleichgewichtsorgan im Innenohr nicht zu irritieren.

Berge – ein rasantes Auf und Ab

Die Berge sind die Scharfrichter jedes Radrennens. Hier ist jeder auf sich gestellt, muss zeigen, was er draufhat, kann sich nicht mehr im Windschatten des Pelotons verstecken.

Aufwärts im Wiegetritt

Beim Bergauffahren wechselt man zwischen der Technik des Wiegetritts und dem Fahren im Sitzen. Fahren Sie im Sitzen, legen Sie die Hände entweder auf die Bremsgriffe oder auf den Oberlenker. Im Gegensatz zum Fahren in der Ebene ziehen Sie mit den Armen und Händen am Lenker, um so den Druck auf die Pedale zu verstärken. Stehen lange Bergaufpassagen an, ist es wichtig, von Anfang an in einen niedrigen Gang zu schalten, um die Frequenz hoch zu halten und die Muskulatur nicht sauer zu fahren. Wechseln Sie die Griffhaltung. Mit der Bremsgriffhaltung sind die Arme etwas weiter auseinander, wodurch der Brustkorb entspannt und die Atmung lockerer wird.

Starke Arme für steile Berge

Der Wiegetritt erfordert eine hohe Kraftausdauer in den Armen und im Oberkörper und muss daher gezielt trainiert werden. Auch verlangt das Hin- und Herschwingen des Rads eine gute Koordination, damit die Pendelbewegung nicht zu stark wird. Sonst verschwenden Sie unnötig Kraft und fahren kleine Schlangenlinien.

So funktioniert der Wiegetritt

Beim Wiegetritt gehen Sie aus dem Sattel und bringen das Körpergewicht jeweils über das gestreckte Bein auf die Pedale. Dabei wird mit der gleichseitigen Hand am Lenker gezogen. Das Rad pendelt leicht und gleichmäßig von einer Seite zur anderen. Der Rumpf bleibt trotz des wiegenden Hin- und Herschwingens des Rads immer senkrecht. Diese Technik wird oft in sehr steilen Passagen angewandt, im Sprint oder bei Tempoforcierungen. Schalten Sie, bevor Sie in den Wiegetritt gehen, einen oder mehrere Gänge höher.

Abwärts im Temporausch

Den Berg runterzurauschen, ist die Krönung nach dem anstrengenden Anstieg auf den Gipfel. Doch legen Sie jetzt nicht einfach die Füße hoch, sondern gehen Sie konzentriert an die Downhill-Session. Schalten Sie in die größeren Gänge, und greifen Sie den Lenker in der Untergriffhaltung. Vorher sollten Sie unbedingt noch das Trikot schließen oder eine Windjacke überziehen. Ansonsten besteht die Gefahr, dass Sie bei schlechtem, kaltem Wetter schnell auskühlen. Treten Sie auf alle Fälle weiter, und beschleunigen Sie so die Blutzirkulation in der Beinmuskulatur. Beim Aufstieg angefallenes Laktat wird so schneller abgebaut.

Insgesamt werden beim Wiegetritt andere Muskeln beansprucht als im Sitzen, daher stehen viele Radrennfahrer zwischendurch öfter mal auf, um die Muskulatur zu entspannen. Mediziner empfehlen, mindestens fünf bis zehn Minuten pro Stunde im Wiegetritt zu pedalieren, um die Durchblutung im Genitalbereich zu verbessern.

Jederzeit bremsbereit

Am wichtigsten ist jedoch, dass Sie jederzeit bremsbereit sind und wachsam den Verkehr oder das Geschehen vor sich beobachten. Halten Sie Abstand, wenn Sie mit einer Gruppe unterwegs sind. Müssen Sie die Geschwindigkeit verringern, richten Sie sich mit dem Oberkörper auf, und bremsen Sie so mit dem erhöhten Windwiderstand das Tempo. Reicht dies nicht, betätigen Sie immer beide Bremsen gleichzeitig. Wenn Sie die Bergabstrecke nicht kennen und diese sehr kurvig ist, fahren Sie defensiv, und verringern Sie rechtzeitig vor den Kurven die Geschwindigkeit.

Bei der Temporeduzierung bergab leistet das Aufrichten des Oberkörpers wertvolle Hilfe – durch den zusätzlichen Luftwiderstand. Wenn es dann wieder etwas flotter gehen darf: Neigen Sie Ihren Oberkörper flach über das Rad, und rutschen Sie mit Ihrem Po auf dem Sattel etwas nach hinten.

Fahren in der Gruppe – Fun statt Zwang

Rennradfahren macht eigentlich erst in der Gruppe richtig Spaß. Sie können sich locker unterhalten, in der Führungsarbeit abwechseln und insgesamt ein höheres Durchschnittstempo fahren als allein. Aber das Pedalieren im Team will gelernt sein.

Beim Fahren im Windschatten muss der hintere Biker (untere Kurve) eine deutlich niedrigere Leistung erbringen als der Vordermann (obere Kurve) (Quelle: Konopka 2000).

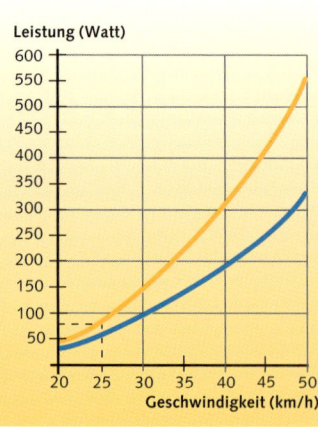

Technik Windschattenfahren

Windschattenfahren ist ein echter Kraftspender. Bis zu 40 Prozent können Sie hinter einem Fahrer sparen und so ein höheres Tempo über einen längeren Zeitraum treten.

Als Anfänger sollten Sie aber immer einen Sicherheitsabstand lassen und etwas versetzt zum Vordermann fahren. So nutzen Sie zwar den Windschatten nicht optimal, können aber auf plötzliches Bremsen oder Schlenkern des Vordermanns besser reagieren. Je höher das Tempo ist, umso größer kann auch der Abstand zum Vordermann sein, um trotzdem noch in den Genuss des Windschattens zu kommen. So ist bei einer Geschwindigkeit von 50 km/h noch ein Abstand von einer Bikelänge okay. Um

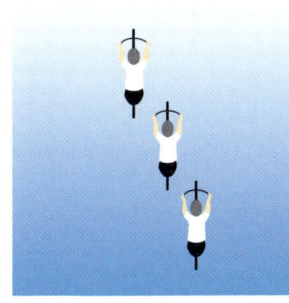

nicht als Hinterradlutscher abgestempelt zu werden, sollten Sie auch immer wieder in den Wind gehen und die Führungsarbeit übernehmen. Durch die Dauer der Führungsarbeit lassen sich unterschiedliche Leistungslevel ausgleichen. Für den Führenden gilt: Fahren Sie gleichmäßig und ruhig, ohne hektische Steuerbewegungen. Zeigen Sie eventuelle Straßenlöcher oder Hindernisse rechtzeitig an.

Seitlich versetzt fahren

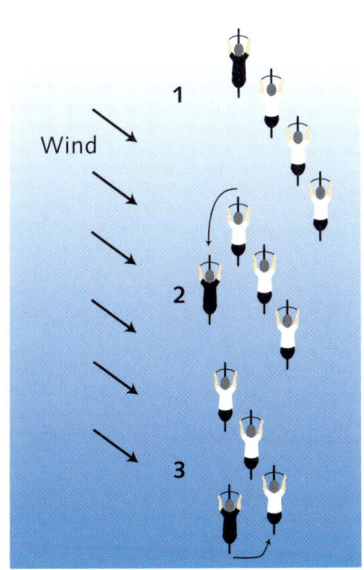

Kommt der Wind schräg von vorne, radeln die hinteren Fahrer leicht versetzt, und zwar zur windabgewandten Seite. Nur so beziehen sie volle Deckung. Diese Formation heißt Windstaffel. Beim Training ist die Breite dieser Staffel begrenzt, bis maximal zur halben Fahrbahnbreite. Finden Sie in der gestaffelten Formation keinen Platz mehr, stehen Sie voll im Wind – bei Rennen eine taktisch ungünstige Position.

Wenn Sie eine Gruppe führen, tragen Sie Verantwortung für Ihre Hintermänner. Also: Doppelte Vorsicht ist geboten! Fahren Sie noch vorausschauender als sonst, und teilen Sie Ihren Teamkollegen Änderungen mit, z. B. wenn Sie in eine Straße abbiegen oder wenn Sie anhalten müssen.

Bei der Windstaffel lässt sich der führende Fahrer auf der dem Wind zugewandten Seite zurückfallen (Quelle: Konopka 2000).

Beim belgischen Kreisel überholt der im Wind stehende Fahrer den Biker links vor ihm, setzt sich vor diesen und lässt sich auf der linken Seite zurückfallen. Am Ende der Reihen wechselt der Fahrer nach rechts und schiebt sich langsam wieder nach vorne (Quelle: Konopka 2000).

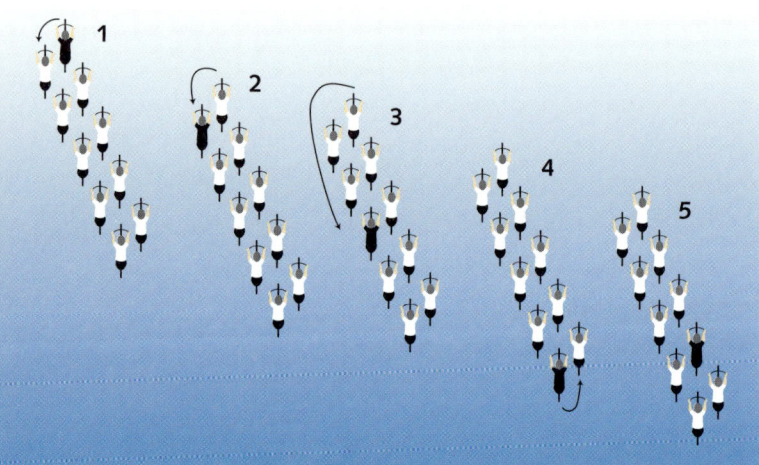

In Doppelreihe fahren

Fahren Sie im Training mit genügend Leuten (acht bis zehn), wird oft die Doppelreihe gewählt, auch holländische Reihe genannt. Dies sind zwei Einzelreihen nebeneinander. Zur Ablösung scheren die Führenden jeweils zur Außenseite der Doppelreihe aus, lassen sich nach hinten fallen und schließen hinter den letzten Fahrern wieder auf.

Nützliche Internet-Links für Biker

▸ *www.trainright.com:* Infos von Chris Carmichael, dem Trainer des mehrfachen Toursiegers Lance Armstrong
▸ *www.radsport-news.com:* Infos zur Profiradszene, den großen Rundfahrten und Hintergrundgeschichten
▸ *www.letour.com:* die offizielle Seite zur Tour de France
▸ *www.tour.de:* die Homepage der größten deutschen Rennradzeitschrift
▸ *www.roseversand.de:* die Homepage des größten Radsportversenders in Deutschland

Der belgische Kreisel ist eigentlich eine versetzte Doppelreihe, die in einer Art Kreisformation fährt. Kleine Gruppen, die Tempo machen wollen, fahren oft diesen Kreisel.

Straßenverkehr – wer bremst, gewinnt

Auch wenn im Straßenverkehr für Radfahrer die gleichen Regeln gelten wie für Autofahrer: Pochen Sie nicht auf Ihr Recht, denn die meisten Autofahrer sind leider häufig anderer Meinung – und sie sind im Zweifelsfall natürlich immer die Stärkeren. Riskieren Sie lieber nichts, denn schließlich steht Ihre Gesundheit – und Ihr Leben – auf dem Spiel. Zum defensiven Fahren gehört:

▶ Fahren Sie in einer Gruppe, dann werden Sie als Radfahrer leichter wahrgenommen.

▶ Fahren Sie erst außerhalb der Stadt in Doppelreihenformation, und vermeiden Sie Tempobolzen, solange viel Verkehr ist.

▶ Fahren Sie nicht ganz am äußersten Rand. Dies kann Autofahrer sehr leicht zu unüberlegten Überholmanövern verleiten. Außerdem besteht am Rand immer die Gefahr, dass Sie plötzlich aufspringenden Türen von parkenden Autos hilflos ausgeliefert sind.

▶ Rechnen Sie grundsätzlich bei allen Einfahrten, Einmündungen oder Querstraßen mit Autos.

▶ Fahren Sie eine möglichst gerade Linie, und schwenken Sie nicht in jede Lücke ein.

▶ Geben Sie deutlich Handzeichen zum Abbiegen, bei Straßenlöchern oder beim Stoppen (offene Handfläche zeigt nach hinten).

Citybiken ist nicht ungefährlich. Sorgen Sie stets dafür, dass Sie gut zu sehen sind – vor allem bei schlechtem Wetter oder bei Dunkelheit. Also immer überprüfen, ob das Licht funktioniert; eventuell nehmen Sie einen batteriebetriebenen Strahler zur Reserve mit. Reflektoren an Rad und Kleidung sorgen für zusätzlichen »Sichtschutz«.

Trainingspläne – fit im Tritt

Damit Sie auch morgen noch kraftvoll treten können, haben wir verschiedene Trainingspläne zusammengestellt. Um die Intensität zu steuern, orientieren wir uns wie bei den anderen Sportarten an der Herzfrequenz.

Die maximale Herzfrequenz beim Radfahren

Für sportliche Radfahrer bietet sich folgender Test an:

▸ Wärmen Sie sich ca. 30 Minuten intensiv auf.

▸ Auf einer flachen Strecke mit einigen Antritten das Tempo steigern. Die Distanz sollte ungefähr 3000 Meter betragen. Am Ende einen maximalen Spurt anziehen. Der höchste Wert auf Ihrem Pulsfrequenzgerät entspricht dann Ihrer momentanen maximalen Herzfrequenz.

▸ Haben Sie kein Pulsgerät, orientieren Sie sich an der Formel: 220 minus Lebensalter (sehr grober Wert), oder machen Sie eine Leistungsdiagnostik (siehe Umschlaginnenseiten).

Die Diagnose Ihrer Leistungsfähigkeit ist wichtig, damit Sie Ihr Training individuell anpassen können. Denn verlangen Sie sich zu viel ab, sinken Lust und Leistung – und das kann sogar zu einer Gefahr für Ihre Gesundheit werden. Bei Unterforderung dagegen »treten Sie auf der Stelle« – Ihr Fitnesslevel stagniert.

Die Belastungsintensitäten beim Radfahren im Überblick

Radfahren	% max. Herzfrequenz	Methode
Regeneration	Bis 60 %	Dauermethode
Grundlagenausdauer GA 1	60 – 75 %	Dauermethode, Fahrtspiel
Grundlagenausdauer GA 2	75 – 90 %	Fahrtspiel, wechselhafte Dauermethode, extensives Intervalltraining
Kraftausdauer KA	80 – 95 %	Intensives Intervalltraining, Wiederholungsmethode
Wettkampfausdauer WSA	> 90 %	Wettkampfmethode

Der Plan für Tempomacher

Der Reiz des Rennrads liegt im Rausch der Geschwindigkeit. Und daher wollen Sie endlich mal 60 Kilometer mit einem Schnitt von 30 Stundenkilometern fahren, getreu dem Motto: Treten, treten, treten und immer an das Tempo denken. Sie sind sportlich, fahren aber unregelmäßig Rad. Wenn Sie jedoch mehr Tempo machen möchten, hat die nächsten vier Wochen das Bike erste Priorität.

1. Woche/Umfang: 150 – 180 km

Mittwoch	40–50 km GA 1
Freitag	50–70 km GA 1
Sonntag	20 km GA 1, 20 km KA, 20 km GA 1

2. Woche/Umfang: 170 – 230 km

Mittwoch	60–80 km GA 1
Freitag	40–50 km KA
Sonntag	20 km GA 1, 30 km KA, 20 km GA 1

3. Woche/Umfang: 190 – 240 km

Mittwoch	20 km GA 1, 30 km KA, 20 km GA 1
Freitag	40–50 km Fahrtspiel, GA 1/GA 2
Sonntag	80–120 km GA 1

4. Woche/Umfang: 160 – 180 km

Mittwoch	40 km KA
Freitag	60–80 km GA 1
Sonntag	60 km WSA (im 30er-Schnitt)

Trainingspläne sind grundsätzlich sinnvoll. Beachten Sie dabei aber auch immer Ihre Tagesform. Stur ein Programm zu absolvieren, wenn Sie gerade körperlich oder geistig nicht ganz auf der Höhe sind, kann mehr schaden als nutzen: Überlastung kann die Folge sein – ein Gesundheitsrisiko!

Der Plan für ambitionierte Hobbyradsportler

Sie sitzen schon länger auf dem Rad und fahren zwischen 2000 und 5000 Kilometer im Jahr.

Mit diesem Plan sind Sie für ein längeres Rennen, z. B. eine RTF über 120 bis 170 Kilometer

oder eine kleinere Rundfahrt, bestens gerüstet.

1. Woche

Umfang: 170 km

Montag	Dienstag	Mittwoch	Donnerstag
50 km GA 1	Frei	Frei	Frei

Freitag	Samstag	Sonntag
50 km GA 1	Frei	70 km GA 1

2. Woche

Umfang: 200 – 240 km

Montag	Dienstag	Mittwoch	Donnerstag
30–40 km GA 1	Frei	50 km GA 1	60 min allgemeines Krafttraining

Freitag	Samstag	Sonntag
Frei	50 km GA 1	70–100 km GA 1

3. Woche

Umfang: 220 – 250 km

Montag	Dienstag	Mittwoch	Donnerstag
40 km Regeneration	Frei	50 km GA 1	60 min allgemeines Krafttraining

Freitag	Samstag	Sonntag
Frei	60 km GA 1	70 – 100 km Rad/ Touristikfahrt (RTF)

4. Woche

Umfang: 210 – 250km

Montag	Dienstag	Mittwoch	Donnerstag
40 km Regeneration	60 min Schwimmen oder allgemeines Krafttraining	Frei	60 km GA 1

Freitag	Samstag	Sonntag
30 – 50 km GA 2 plus Ein- und Ausfahren	Frei	80–100 km GA 1

5. Woche

Umfang: 250 – 280 km

Montag	Dienstag	Mittwoch	Donnerstag
30–40 km Regeneration	30–50 km GA 2	Frei	Frei

Freitag	Samstag	Sonntag	
60 km Schwimmen oder allgemeines Krafttraining	70 km Fahrtspiel, GA 1/GA 2	120 km GA 1	

6. Woche

Umfang: 285 – 330 km

Montag	Dienstag	Mittwoch	Donnerstag
30–50 km Regeneration	75–100 km GA 1	Frei	40 km KA

Freitag	Samstag	Sonntag	
60 km GA 1	Frei	Ca. 80 km RTF im WSA-Tempo	

7. Woche

Umfang: 190 – 240 km

Montag	Dienstag	Mittwoch	Donnerstag
30–40 km Regeneration	Frei	40–50 km GA 2	Frei

Freitag	Samstag	Sonntag	
Frei	40–50 km Regeneration	80–100 km WSA	

8. Woche

Umfang: 180 – 220 km plus Wettkampf

Montag	Dienstag	Mittwoch	Donnerstag
Frei	90 km GA 1	30–50 km GA 2 (inklusive Ein- und Ausfahren)	30–50 km Regeneration

Freitag	Samstag	Sonntag	
Frei	30 km Regeneration	150 km Wettkampf	

Der Plan für den Radmarathon

Lange Strecken sind Ihre Domäne. Im richtigen Tempo können Sie stundenlang im
Sattel sitzen. Ihre Trainingskilometer liegen zwischen 5000 und 10 000 Kilometer pro Jahr.
Mit diesem Plan sind Sie z. B. für einen Radmarathon über 230 Kilometer gut gerüstet.

1. Woche

Umfang: 210 km

Montag	Dienstag	Mittwoch	Donnerstag
70 km GA 1	Frei	Frei	Frei

Freitag	Samstag	Sonntag	
70 km GA 1	Frei	70 km GA 1	

2. Woche

Umfang: 260 – 290 km

Montag	Dienstag	Mittwoch	Donnerstag
60 km GA 1	Frei	70 km GA 1	60 min allgemeines Krafttraining

Freitag	Samstag	Sonntag	
Frei	60 km GA 1	70–100 km GA 1	

3. Woche

Umfang: 260 – 270 km

Montag	Dienstag	Mittwoch	Donnerstag
40 km Regeneration	Frei	60 km Fahrtspiel, GA 1/GA 2	60 min allgemeines Krafttraining

Freitag	Samstag	Sonntag	
Frei	60 km GA 1	Ca. 100 km Rad/ Touristikfahrten (RTF)	

4. Woche

Umfang: 260 – 280km

Montag	Dienstag	Mittwoch	Donnerstag
40 km Regeneration	Frei oder 60 min Schwimmen oder allgemeines Krafttraining	Frei	60 km GA 1

Freitag	Samstag	Sonntag	
40 km GA 2, plus Ein- und Ausfahren	Frei	120–140 km GA 1	

5. Woche

Umfang: 290 – 330 km

Montag	**Dienstag**	**Mittwoch**	**Donnerstag**
40–50 km Regeneration	Frei	60 km GA 2, plus Ein- und Ausfahren	60 min Schwimmen oder allgemeines Krafttraining

Freitag	**Samstag**	**Sonntag**	
Frei	70 km Fahrtspiel, GA 1/GA 2	120–150 km GA 1	

6. Woche

Umfang: 320 – 440 km

Montag	**Dienstag**	**Mittwoch**	**Donnerstag**
40–50 km Regeneration	Frei	100–120 km GA 1	40 km KA

Freitag	**Samstag**	**Sonntag**	
60–80 km GA 1	Frei	Ca. 120–150 km RTF im WSA-Tempo	

7. Woche

Umfang: 310 – 410 km

Montag	**Dienstag**	**Mittwoch**	**Donnerstag**
40–50 km Regeneration	Frei	40–60 km GA 2	Frei

Freitag	**Samstag**	**Sonntag**	
90 km Fahrtspiel, GA 1/GA 2	40–50 km Regeneration	100–160 km GA 1	

8. Woche

Umfang: 160 – 200 km plus Wettkampf

Montag	**Dienstag**	**Mittwoch**	**Donnerstag**
40 km Regeneration	Frei	30–50 km GA 2 (inklusive Ein- und Ausfahren)	60 km GA 1

Freitag	**Samstag**	**Sonntag**	
Frei	30–50 km Regeneration	250 km Wettkampf	

Schwimmen ist der ideale
Ausdauersport für alle, die Gelenk-
probleme haben und es vorsichtig
angehen lassen möchten.

Wie ein Fisch
im Wasser

Mehr Fitness ohne
Schweißvergießen

Schwimmen – Planschen mit Pep

Ohne Schweiß kein Preis? Vergessen Sie's. Beim Schwimmen bekommen Sie beides: ein effektives Workout und die wohlverdiente Abkühlung. Schließlich stärken Sie mit dem Bahnenziehen fast alle Körperpartien gleichzeitig und können dabei auch noch prima und intensiv entspannen.

Mit Geduld zur Bestform

Wie bei allen Ausdauersportarten steht beim Schwimmen ebenfalls die deutliche Verbesserung des Herz-Kreislauf-Systems und der Lungenkapazität im Vordergrund. Deshalb gilt hier wieder: Je länger Sie die Wasserarbeit aushalten, desto größer ist schließlich auch der Trainingseffekt.

Bevor Sie als Einsteiger richtig durchs Wasser schießen, sollten Sie bei den ersten Einheiten Ihrem Körper jedoch Zeit geben, sich an das ungewohnte Element zu gewöhnen. Denn wenn Sie länger nicht mehr schwimmen gegangen sind, benötigen Ihre Muskeln ein paar Bahnen, um sich an die Techniken zu gewöhnen.

Sparsam – die Ausrüstung

Auch wenn sie modern und chic aussehen, sind weite Shorts eher etwas für den Badeurlaub. Wer konzentriert trainieren will, trägt am besten eine normale Schwimmhose oder einen Badeanzug. Achten Sie auf leichte, kaum Wasser aufnehmende Stoffe. Haiskin-Anzüge, die eine ähnliche Faserstruktur aufweisen wie Fischhaut, sind nur etwas für Profis. Verwenden Sie auf jeden Fall eine Schwimmbrille. Ohne diese wird die Bindehaut der Augen stark gereizt. Klare Sicht garantieren Modelle mit einer Anti-Fog-Beschichtung. Ihre Haare schützen Sie mit einer Badekappe. Und nach der Einheit sollten Sie die trockene Haut mit einer Körperlotion pflegen.

Stil und Technik

Schwimmen kann sehr abwechslungsreich sein, wenn Sie verschiedene Lagen beherrschen. Wer sich häufig in die Fluten stürzt, sollte zumindest den Kraul-, Brust- und Rückenstil lernen (Techniktipps finden Sie auf den nächsten Seiten). Zum einen ermöglicht Ihnen dies ein variantenreiches Training. Zum anderen kommen bei jedem Stil unterschiedliche Muskelgruppen zum Einsatz. In vielen Bädern gibt es regelmäßig Workshops, bei denen Sie für einige Stunden eine Disziplin unter Aufsicht trainieren können. Zwar bekommen Sie mit der Zeit ein gutes Gefühl fürs Wasser, grobe Technikfehler erkennen und beheben Sie jedoch am schnellsten mit der Hilfe eines Profis.

Der Anti-Fog-Tipp für Ihre Schwimmbrille: Spucken Sie vor dem Start einmal in die Brille, reiben Sie die Gläser von innen mit dem Speichel ein, und spülen Sie sie wieder aus. So beschlägt das Glas auf keinen Fall.

Deshalb ist Schwimmen so gesund

▶ Der Auftrieb des Wassers entlastet die Wirbelsäule sowie Hüft-, Knie- und Fußgelenke.

▶ Das an der Haut vorbeiströmende Wasser wirkt wie ein Massagestrahl und löst, besonders beim Rückenschwimmen, dauerhafte Verspannungen der Hals-, Schulter- und Rückenmuskulatur. Beim Brustschwimmen lösen sich diese Verspannungen am schnellsten, wenn Sie in der Gleitphase gestreckt unterhalb der Wasseroberfläche durchs Becken schießen.

▶ Da Sie beim Schwimmen die meisten Muskeln des Körpers beanspruchen, beugen Sie so drohenden Haltungsschäden vor und gleichen bereits vorhandene muskuläre Dysbalancen aus.

Obwohl Sie im Becken nicht so bequem wie beim Joggen oder Biken Ihre Herzfrequenz mit einem Pulsmesser kontrollieren können, sollten Sie trotzdem häufiger am Ende einer Bahn oder eines Trainingsabschnitts Ihren Puls überprüfen. So vermeiden Sie Überbelastungen.

Machen Sie sich nass – Schwimmen ist Sport und Spaß in einem.

Praktische Schwimmhilfen

Wollen Sie gezielt Ihren Armzug oder Beinschlag verbessern, verschafft Ihnen ein Schwimmbrett, auf dem Sie die Arme ablegen, oder ein Pull-Boy, den Sie sich zwischen die Oberschenkel klemmen, den notwendigen Auftrieb. Diese Hilfsmittel können Sie häufig beim Bademeister ausleihen. Ansonsten sind sie relativ günstig im Sportfachhandel erhältlich.

Mit Schwimmflossen oder Paddles vergrößern Sie den Wasserwiderstand von Füßen und Händen und stärken so gezielt die Muskeln. Allerdings sollten Sie diese Hilfsmittel erst nutzen, wenn Sie schon mit einer relativ guten Technik durchs Wasser gleiten.

Langsam angehen lassen

Auch wenn Sie sich im Wasser vergleichsweise langsam bewegen und so die Gefahr einer Muskelzerrung relativ gering ist, sollten Sie die ersten Bahnen locker durchs Becken ziehen und sich einschwimmen. Schließlich kühlt das erfrischende Nass die Muskeln ab, die daher einige Zeit brauchen, um ihre Betriebstemperatur zu erreichen.

Das Intervalltraining

Ziehen Sie ständig nur gleichmäßig Ihre Bahnen, kann Ihnen bald die Lust am Schwimmen vergehen – und wirklich schneller werden Sie auch nicht.

Gerade zu Beginn, wenn Sie sich noch nicht so lange über Wasser halten können, bieten Intervalle eine willkommene Abwechslung. Haben Sie sich etwa zum Ziel gesetzt, 1000 Meter zu schwimmen, steigern Sie sich langsam: Beginnen Sie mit 4-mal 300 Metern, dann folgen 3-mal 400 Meter. Anschließend gehen Sie über zu 2-mal 500 Meter usw. Nach kurzer Zeit werden Sie dann auch Ihre Traumdistanz locker bezwingen.

Flossen, Paddles, Schwimmbretter, Pull-Boys & Co. sind praktische Hilfsmittel für ein gezieltes Training. Aber Achtung: Die erhöhte Gelenkbelastung ist nicht zu unterschätzen, gerade wenn die Technik nicht ganz korrekt ist.

Brustschwimmen ist die beliebteste Technik. Je flacher die Körperlage im Wasser, desto geringer der Wasserwiderstand, desto höher die Geschwindigkeit.

Wenn Sie Schwierig-
keiten mit dem Menis-
kus haben, sollten Sie
den Bruststil dieser
persönlichen »Pro-
blemzone« anpassen.
Das bedeutet, dass
der Beinschlag nicht
ruckartig ausgeführt
werden sollte, vor
allem das Durch-
strecken der Knie.
Und Verdrehungen
der Knie sollten Sie
ganz meiden.

*Kraulen ist
die schnellste
Schwimmart.*

Sicher in jeder Lage

In der Ruhe liegt die Kraft. Dieser Ausspruch gilt für jeden Schwimmstil. Schnelle, hektische Bewegungen bewirken höchstens, dass Sie
zum Schaumschläger werden und dabei kaum von der Stelle kommen. Freizeit- und Gesundheitssportler sollten möglichst drei der vier
Stilarten – das Schmetterlingsschwimmen ist nur etwas für Profis –
erlernen. So haben Sie alle Möglichkeiten für ein variables Workout und
setzen alle Muskelgruppen ein.

Bei allen Lagen sorgt dabei die Armarbeit für den größeren Teil des Vor-
triebs. Versuchen Sie sich daher daran zu gewöhnen, das Wasser regel-
recht zu greifen und sich nach vorne zu ziehen. Mit der Zeit werden
Sie dafür ein gutes Gefühl bekommen. Die Beinarbeit dient in erster
Linie dazu, die Wasserlage zu stabilisieren.

Bruststil – nicht ganz wie ein Frosch

Obwohl die Brustlage der Stil ist, den die meisten als Erstes erlernen,
bedeutet dies nicht, dass er auch der leichteste ist. Im Gegenteil. Zwar
kann man sich in dieser Lage schnell über Wasser halten, doch die richtige Technik ist recht komplex. Entscheidend ist die Koordination von
Beinschlag und Armzug. Viele Freizeitschwimmer beugen und strecken
Arme und Beine gleichzeitig, die letzte Phase des Beinschlags sollte
aber erst erfolgen, wenn die Arme schon gestreckt sind.

▶ Zu Beginn des Armzugs liegt der Kopf komplett unter der Wasseroberfläche. Die Arme werden gestreckt bis auf doppelte Schulter-
breite nach außen geführt. Dann werden die Ellenbogen angewinkelt, und der Kopf wird zum Atmen aus dem Wasser gehoben (siehe
Grafik). Die Hände und Ellenbogen jetzt kurz vor dem Gesicht und
der Brust zusammendrücken und danach die Arme explosiv strecken
und mit dem Kopf wieder eintauchen.

   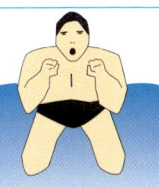

▶ Beim Beinschlag werden die gestreckten Beine in den Knien ange-winkelt, bis die Fersen fast das Gesäß berühren. Die Oberschenkel sind dabei etwa hüftbreit auseinander. Dann die Knie durchstrecken und diese dabei näher zusammenbringen. Während die Arme schon gestreckt sind, schwingen Unterschenkel und Füße kreisend nach außen und drücken sich so vom Wasser ab, bis die Beine gerade sind.

Beim Brustschwim-men bleibt der Kopf während der Gleit-phase unter Wasser. Erst zu Beginn der Zugphase taucht er aus dem Wasser auf (Quelle: Giehrl/ Hahn 2000).

Freistil – rasant und gar nicht schwer

Kraulen ist der schnellste Schwimmstil, dessen Technik einfach zu erlernen ist. Um den Widerstand gering zu halten, sollte das Gesicht

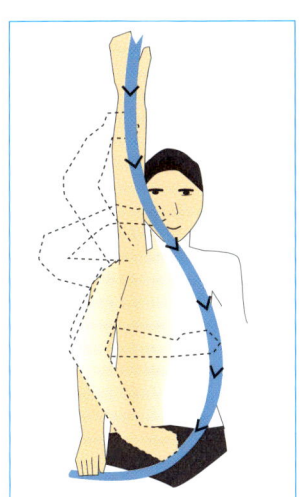

so weit untertauchen, bis der Haaran-satz auf Höhe der Wasseroberfläche ist. Der Blick ist schräg nach vorn auf den Beckenboden gerichtet und die Hüfte gestreckt, so dass das Gesäß knapp unter Wasser ist.

▶ Der Armzug beginnt, indem der gestreckte Arm möglichst weit vor dem Kopf eintaucht und etwa 30 Grad gera-de nach unten durchs Wasser zieht. Dann den Ellenbogen beugen und die Hand s-förmig unter dem Körper durchziehen.

Führen Sie den Arm in einem S-Bogen unter dem Körper durch. Der Ellenbo-gen ist leicht ange-winkelt und wird nach oben gehalten. Pflügen Sie gerade, mit gestrecktem Arm durchs Wasser, kostet das viel Kraft und bringt wenig Vortrieb (Quelle: FIT FOR FUN 06/01).

Im letzten Abschnitt der Druckphase den Arm wieder strecken, bis die Hand auf der Höhe der Hüfte ist. Über Wasser wird der Arm erneut angewinkelt und der Ellenbogen dabei hoch über der Wasseroberfläche nach vorne geführt.

▸ Die Beine bewegen sich wechselseitig auf und ab, wobei auf dem Weg nach unten zuerst der Oberschenkel absinkt und dann der Unterschenkel nachklappt. Danach wird das Bein wieder gerade nach oben geführt. Der gestreckte Fuß sollte dabei die gesamte Zeit unter der Wasseroberfläche bleiben.

▸ Die Atmung bringt insbesondere Anfänger häufig aus dem Rhythmus. Um mehr Zeit zum Luftholen zu haben, atmen Sie bereits unter Wasser aus. Wichtig ist, dass nur der Kopf und nicht der gesamte Rumpf rotiert.

> Bei langen Kraulstrecken hat sich der Zweierzug etabliert, bei dem nach jedem zweiten Zug, also immer zur selben Seite, geatmet wird. Wenn der entsprechende Arm aus dem Wasser auftaucht, wird der Kopf zu dieser Seite gedreht, bis sich der Mund knapp über der Wasseroberfläche befindet.

Freut die Wirbelsäule – Rückenstil

Das Rückenschwimmen ist der gesündeste Stil, erfordert allerdings einige Überwindung, da Sie nicht nach vorne schauen und somit anderen Schwimmern oder dem Beckenrand nicht ausweichen können. Optimal ist Ihre Wasserlage, wenn die Hüften und der Kopf gestreckt und die Ohren etwa auf Höhe der Wasseroberfläche sind.

▸ Die Arme schwingen wechselseitig (um 180 Grad versetzt) über Wasser gestreckt Richtung Kopf und tauchen gerade, in Verlängerung der Schulter ins Wasser ein. Die Hand sinkt leicht ab und zieht seitlich Richtung Schulter. Dann den Ellenbogen etwa 90 Grad beugen, die Hand zum Körper führen und den Arm wieder durchstrecken.

▸ Wie beim Kraulschwimmen schwingen die Beine abwechselnd auf und ab. Die Bewegung ähnelt dem normalen Gehen. Von der Wasseroberfläche wird das gestreckte Bein nach unten geführt und auf dem Weg nach oben leicht angewinkelt. Die Knie sind dabei die ganze Zeit unter Wasser und werden erst im letzten Moment gestreckt.

Nützliche Internet-Adressen für Schwimmer

▸ *www.dsv.de:* Homepage des Deutschen Schwimmverbands

▸ *www.schwimmwelt.de:* Internetseite mit vielen Trainingstipps

▸ *www.swimmersworld.com:* amerikanisches Schwimmmagazin

▸ *www.dirklange.com:* Homepage von Sandra Völkers Trainer Dirk Lange

Trainingspläne – Power für den Pool

Wer durch Schwimmen seine Grundlagenausdauer verbessern möchte, benötigt einen langen Atem. Nur durch Dauerschwimmen werden Sie nicht sehr weit kommen. Schon von Beginn an sollten Sie daher Intervalle in Ihr Training einbauen.

Die maximale Herzfrequenz beim Schwimmen

▸ Haben Sie kein Pulsgerät, orientieren Sie sich an der Formel: 220 minus Lebensalter (sehr grober Wert).

▸ Machen Sie die Leistungsdiagnostik (siehe Umschlaginnenseiten.)

▸ Ein Maximalpulstest ist beim Schwimmen nur schwer durchzuführen, da bei den meisten Freizeitsportlern im Wasser die Muskeln so schnell ermüden, dass das Herz gar nicht seine volle Leistung ausschöpfen kann. Beim Dauerschwimmen und beim Fettverbrennungsplan (siehe Seite 152) können Sie Ihren optimalen Trainingspuls mit folgender Formel berechnen:

Mit der in der Abbildung gezeigten Formel können Sie Ihren optimalen Trainingspuls berechnen. Wollen Sie in erster Linie Fett verbrennen, ziehen Sie vom Ergebnis noch einmal zehn Schläge ab.

		Untrainiert	Mäßig trainiert	Ausdauer- trainiert	Leistungs- sport	
Schwimmen						Quelle: FIT FOR FUN
Ruhepuls + (220 – Alter – Ruhepuls)	x	0,6	0,65	0,7	0,75	
Vom Gesamtergebnis jeweils 95 Prozent		Faktor	Faktor	Faktor	Faktor	

Die Belastungsintensitäten beim Schwimmen im Überblick

	Intensität	Methode
	Sehr entspannt (< 60 % max. HF)	Dauermethode
Grundlagenausdauer GA 1	Angenehme Belastung, über längeren Zeitraum möglich (60–70 % max. HF)	Dauermethode, extensives Intervalltraining
Grundlagenausdauer GA 2	Anspruchsvolle Belastung, Pausen bedingt notwendig (70–85 % max. HF)	Extensives und intensives Intervalltraining
Kraftausdauer	Leistung gerade noch zu erbringen, Pausen unbedingt erforderlich (80–90 % max. HF)	Intensives Intervalltraining, Wiederholungsmethode
Wettkampfausdauer WSA	Maximale Leistung (> 90 % der max. HF)	Wettkampfmethode

Der Einsteigerplan

Mit unserem Einsteigerplan schaffen Sie es, nach vier Wochen mit jeweils drei Einheiten 1000 Meter an einem Stück zu kraulen. Da dieses Programm für Anfänger gedacht ist, sollte die Belastung stets gering bleiben.

Ein- und Ausschwimmen gehören zum Regenerationstraining. Längere Intervalle von über 200 Meter verbessern die Grundlagenausdauer GA 1, die kürzeren Intervalle die Grundlagenausdauer GA 2 (100 bis 200 Meter) und die Kraftausdauer (50 Meter).

Die Empfehlungen für die Trainingsintensität finden Sie in der Tabelle oben. Da im Becken eine genaue Pulskontrolle sehr schwer ist, finden Sie in der Tabelle auch Angaben dazu, wie Sie sich bei den entsprechenden Einheiten fühlen sollten.

1. Woche

Montag
150 m Einschwimmen (ES) – 8 x 50 m abwechselnd Brust und Kraul mit jeweils 20 sec Pause – 100 m locker Kraul – 4 x 50 m nur Beinschlag (mit Schwimmbrett) mit jeweils 20 sec Pause – 150 m Ausschwimmen (AS)

Mittwoch
150 m ES – 6 x 50 m abwechselnd Brust, Kraul und Rücken mit jeweils 20 sec Pause – 100 m locker Kraul – 3 x 50 m nur Beinschlag – 3 x 50 m nur Armzug (mit Pull-Boy) mit jeweils 20 sec Pause – 150 m AS

Freitag
200 m ES – 6 x 50 m Kraul mit jeweils 20 sec Pause – 100 m locker Kraul – 200 m Kraul-Arme und Brust-Beine – 100 m locker Kraul – 2 x 50 m Kraul-Sprint mit 1 min Pause – 150 m AS

2. Woche

Montag
200 m ES – 8 x 50 m abwechselnd Brust, Kraul und Rücken mit jeweils 20 sec Pause – 200 m locker Kraul – 2 x 100 m nur Beinschlag – 2 x 100 m nur Armzug mit jeweils 20 sec Pause – 150 m AS

Mittwoch
200 m ES – 3 x 100 m abwechselnd Brust, Kraul und Rücken mit jeweils 30 sec Pause – 200 m locker Kraul – 300 m Kraul – 200 m AS

Freitag
200 m ES – 5 x 100 m Kraul mit jeweils 30 sec Pause – 200 m locker Kraul – 100 m nur Beinschlag, 100 m nur Armzug, 100 m Sprint mit jeweils 30 sec Pause – 200 m AS

3. Woche

Montag
200 m ES – 6 x 100 m abwechselnd Brust, Kraul und Rücken mit jeweils 30 sec Pause – 200 m locker Kraul – 300 m Kraul – 200 m AS

Mittwoch
200 m ES – 3 x 400 m Kraul mit jeweils 90 sec Pause – 200 m AS

Freitag
200 m ES – 200 m nur Armzug, 200 m nur Beinschlag – 400 m Kraul, jeweils ohne Pause – 200 m AS

4. Woche

Montag
200 m ES – 10 x 100 m abwechselnd Brust, Kraul und Rücken mit jeweils 30 sec Pause – 100 m locker Kraul – 3 x 50 m Sprint mit 30 sec Pause – 150 m AS

Mittwoch
200 m ES – 3 x 100 m nur Beinschlag, 3 x 100 m nur Armzug mit jeweils 30 sec Pause – 200 m locker Kraul – 6 x 50 m Sprint mit 20 sec Pause – 200 m AS

Freitag
200 m ES – 1000 m Kraul – 200 m AS

Der Fettverbrennungsplan

Haben Sie bereits in der Vergangenheit einige Grundlagen im Schwimmen gelegt, können Sie direkt mit dem Programm zur Fettverbrennung beginnen. Hierbei sollten Sie aber die Intensität noch einmal zurückschrauben (siehe Pulsformel Seite 149). Auch bei den Intervallen liegt die Herzfrequenz nur unwesentlich höher.

1. Woche

Montag	200 m Einschwimmen (ES) – 15 min 50-m-Bahnen, nach jeder Bahn 30 sec Pause – 200 m Ausschwimmen (AS)
Dienstag	200 m ES – 3 x 100 m Kraul, Brust, Rücken, je 30 sec Pause – 200 m nur Kraulbeinschlag – 200 m AS
Mittwoch	Frei
Donnerstag	200 m ES – 15 min abwechselnd 50, 75, 100 m mit je 30 sec Pause – 200 m AS
Freitag	Aktiv entspannen – Sauna, Massage, Whirlpool
Samstag	Frei oder alternativ Sportspieltag: 45 – 60 min Tennis, Badminton, Fußball oder Volleyball
Sonntag	40 min Dauerschwimmen, Stilarten wechseln

2. Woche

Montag	Frei
Dienstag	200 m ES – Treppenschwimmen (50, 100, 150, 100, 50 m), je 30 sec Pause – 200 m AS
Mittwoch	200 m ES – 30 min abwechselnd 50 und 100 m mit je 30 sec Pause – 200 m AS
Donnerstag	200 m ES – dreimal 50, 100, 150 m Kraul mit je 30 sec Pause – 200 m AS

Freitag	Aktiv entspannen – Sauna, Massage oder Whirlpool
Samstag	Frei oder alternativ Sportspieltag: 45 – 60 min Tennis, Badminton, Fußball oder Volleyball
Sonntag	40 min Dauerschwimmen, Stilarten wechseln

3. Woche

Montag	Frei
Dienstag	200 m ES – 10 min nur Beinschlag (Kraul) – 3 min Pause – 10 min nur Armzug (Kraul) – 300 m AS
Mittwoch	200 m ES – 3 x 100 m, 3 x 150 m, 3 x 200 m, je 30 sec Pause – 300 m AS
Donnerstag	200 m ES – Treppenschwimmen (50, 100, 150, 100, 50 m), je 15 sec Pause – 400 m AS
Freitag	Aktiv entspannen – Sauna, Massage, Whirlpool
Samstag	Frei oder alternativ Sportspieltag: 45 – 60 min Tennis, Badminton, Fußball oder Volleyball
Sonntag	50 min Dauerschwimmen, Stilarten wechseln

4. Woche

Montag	Frei
Dienstag	200 m ES – 5 x 100 m Kraul oder Rücken, je 30 sec Pause – 400 m AS
Mittwoch	200 m ES – 10 min nur Beinschlag (Kraul) – 3 min Pause – 5 x 50 m Kraul, je 30 sec Pause – 400 m AS
Donnerstag	200 m ES – Treppenschwimmen (100, 200, 300, 200, 100 m), je 60 sec Pause – 300 m AS
Freitag	Aktiv entspannen – Sauna, Massage, Whirlpool
Samstag	Frei oder alternativ Sportspieltag: 45 – 60 min Tennis, Badminton, Fußball oder Volleyball
Sonntag	60 min Dauerschwimmen, Stilarten wechseln

Schwimmen = Superfigur + Sport + Spaß. Denn zum einen verbrennen Sie dabei jede Menge Fett und verbessern Ihre Ausdauer. Gleichzeitig sind Sie im Wasser auch in einem anderen Element – den Alltag können Sie so mit mehr Abstand betrachten und den Stress einfach wegspülen.

Mit Omas Rollschuhen haben die wendigen Inlineskates nicht mehr viel gemeinsam. Hier erfahren Sie, wie Sie die Straßenflitzer in den Griff bekommen.

Auf acht Rollen voll im Trend

Der Ausdauersport mit Fun-Faktor

Inlineskaten – die moderne Ausdauervariante

Inlineskaten hat sich in den letzten zehn Jahren vom Trend zu einer Massensportbewegung entwickelt. Rund 15 Millionen Skates wurden in dieser Zeit verkauft; der Deutsche Inline-Skate Verband (D.I.V.) schätzt, dass rund sechs bis neun Millionen Deutsche auf den acht Rollen unterwegs sind.

Sport mit Variationen

In der Skateszene haben sich verschiedene Disziplinen entwickelt:

▸ *Aggressive- oder Streetskaten:* So wird das Fahren in der Halfpipe, über Rampen oder auch das Rutschen über Geländer und Betonkanten bezeichnet.

▸ *Inlinehockey oder Inlinebasketball:* Speziell Inlinehockey ist eine beliebte Sommeralternative für die Kufenflitzer des Winters.

▸ *Speedskating:* Immer populärer werden Marathonveranstaltungen oder lange Touren auf Skates. Hierfür eignen sich Speedskates mit fünf Rollen pro Schuh statt vier wie bei den anderen Modellen.

▸ *Fitnessskaten:* Am häufigsten werden Skates als freudvolles Fortbewegungsmittel oder als Fitnessgerät eingesetzt. Entsprechend hoch ist der Anteil dieser Skates mit rund 80 Prozent am Gesamtmarkt. Darum wenden wir uns in diesem Buch auch hauptsächlich an diese Zielgruppe.

Voll auf der Rolle

Skaten rules: Keine Frage, das schnelle Gleiten auf den acht Rollen zieht Menschen jeden Alters in den Bann. Warum? Ganz einfach: Egal, ob 6 oder 66 Jahre, bladen können Sie in – fast – jedem Alter.

Je früher Sie damit anfangen, umso leichter entwickeln Sie das notwendige Gleichgewichtsgefühl. Doch auch später ist es nicht zu spät: Selbst dann können Sie ohne Probleme schnelle Fortschritte erzielen und neue Bewegungserfahrungen machen. Skaten lernen Sie schnell und ohne große technische Anforderungen. Ein bis zwei Kurse (acht Stunden) in einer Skateschule mit qualifizierten Instruktoren genügen, und Sie bewegen sich sicher auf den Rollen. Dann können Sie dort anhalten, wo Sie es möchten, und nicht, wo die Skates es wollen. Und: Skaten geht (fast) überall. Das Einzige, was Sie benötigen, ist eine freie Asphaltfläche oder eine einsame Landstraße.

Skaten verbindet

Sie können allein, mit Freunden, mit der Familie, mit Kollegen, mit jüngeren oder älteren Bekannten bladen – mit Skates sind Sie sehr variabel bei der Auswahl Ihrer Sportpartner. Und: Die Anzahl der Skate-Events und Marathonläufe, bei denen Straßen für den Autoverkehr gesperrt werden, steigt stetig. Da macht flottes Fahren richtig Spaß. Bei den Skate-Nights, die von Frühjahr bis Herbst in vielen deutschen Städten stattfinden, werden Straßenabschnitte gesperrt. Termine, Veranstalteradressen, Routen und sonstige Infos erhalten Sie im Internet unter: www.nachtskaten.de

Freizeitinlineskaten ist Sport der etwas anderen Art: Sie entdecken ein ganz neues Bewegungsgefühl mit immer neuen Gleiterfahrungen. Und nebenbei verbessern Sie damit Ihren Gleichgewichtssinn, verbrennen viel Fett und steigern Ihre Ausdauer – das alles spielerisch und schonend für die Gelenke.

Trainieren für die Skipiste

Mit Laufstöcken können Sie auf den Rollen auch Ihre Skitechnik trainieren. Alpintechniken wie Slalomlaufen, Umkanten oder Bogenfahren lassen sich am besten auf einer leicht abfallenden Straße (drei bis fünf Prozent Neigung) üben. Langlauftechniken sind direkt auf die Rollen übertragbar. Nordic-Blading nennt sich der Sportmix aus Skilanglauf und Inlineskating.

Die meisten Inline-skater trainieren mit niedrigen Laktatwer-ten – im Bereich der optimalen Fettver-brennung (Quelle: Schulz/Reiffer/ Heck 1996).

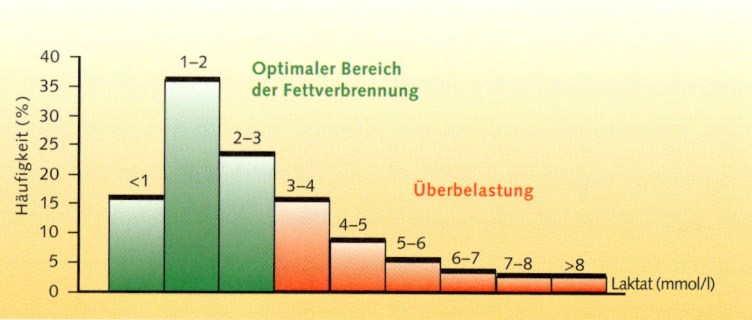

Skaten ist gesund

Skaten schont die Gelenke: Mit der richtigen Technik finden Menschen, die beim Joggen Probleme mit den Knien, Hüften oder Fußgelenken haben, in den gleitenden Bewegungen beim Skaten eine gute Alternative. Außerdem macht Skaten schlank: Beim Bladen bewegen Sie sich meist im unteren Intensitätsbereich, da hohe Geschwindigkeiten aufgrund äußerer Bedingungen (beispielsweise andere Verkehrsteilnehmer, keine abgesperrten Straßen etc.) oder der eigenen Fahrtechnik über einen längeren Zeitraum hinweg nur selten erzielt werden können. Deshalb eignet sich Inlineskaten hervorragend als Fatburn-Training.

Gut gerüstet für das Rollenspiel

Skaten ist (relativ) günstig: Sicher, am Anfang müssen Sie in die Schuhe und Schutzausrüstung investieren. Aber mit etwa 150 Euro für die Skates und ca. 30 Euro für die Ellenbogen-, Knie- und Handgelenkschoner haben Sie schon eine ordentliche Ausstattung. Danach fallen kaum noch Kosten an; lediglich die Rollen sollten Sie je nach Fahrniveau und Bremsart nach 100 bis 200 Kilometern tauschen.

Die Qual der Wahl

▶ Hockeystiefel sind sehr wendig und robust, mit einer Aluminiumschiene ausgestattet, der Schuh ist aus einem Leder-Nylon-Mix.

▶ Aggressiveskates hingegen sind aus Kunststoff, haben sehr kleine
Rollen und sind extrem robust gefertigt, damit beim Springen und
Grinden der Schuh nicht gleich wegplatzt.

▶ Reine Speedskates sind mit fünf großen Rollen (80 Millimeter
Durchmesser) ausgestattet, um die Rollreibung zu reduzieren. Zudem
haben sie eine lange Aluminiumschiene, sind recht spurtreu, allerdings zu Lasten der Wendigkeit.

▶ Fitnessskates mit vier Rollen gibt es in verschiedenen Varianten.
In recht simpler Ausfertigung mit günstiger Kunststoffschiene und einfach gefertigtem Schuh, dazu normalen Rollen und Standardkugel-
lagern (ABEC 1–3). Aber es gibt auch Fitnessskates, die sich an ambi-
tionierte Sportler wenden und mit größeren Rollen (bis 78 Millimeter),
guten Lagern (ABEC 5), einer langen Aluminiumschiene und sehr gut
gearbeiteten Stiefeln ausgestattet sind.

Safety first

Verzichten Sie nie auf Protektoren. Selbst wenn Sie schon sehr gut
fahren, irgendjemand kann Ihnen immer in die Quere kommen. Zur
Standardausrüstung gehören Knie- und Ellenbogenschoner sowie
Wrist-Guards, also Schützer für das Handgelenk.

Für den Fall, dass Sie in die Dunkelheit geraten, sollten Sie immer Clip-
Blinklichter und Reflektorbänder bei sich haben.

Anfänger und Speedskater sollten einen Helm tragen. Bei Einsteigern
erhöht er das subjektive Sicherheitsgefühl, bei Speedskatern können
Stürze mit hohen Geschwindigkeiten (bis zu 45 Kilometer pro Stunde) zu bösen Verletzungen führen. Ein Fahrradhelm kann problemlos auch als Skatehelm verwendet werden.

Hardboots sind das richtige Einsteiger-modell beim Freizeit-skaten; für Sport- oder Wettkampfskater sind sie jedoch nichts, denn sie wiegen zu viel und sind wenig wendig. Allrounder sind Hybridboots, ein Mix aus Soft- und Hardboots. Das bedeutet: harte Schale (aus Kunststoff), wei-cher Kern (gute Pols-terung) – eine ideale Kombination von Sicherheit mit hohem Tragekomfort.

Auch der Schuhschaft entscheidet mit beim Schuhkauf: Er sollte mit einem Gelenk versehen und darf nicht zu steif sein. Ideal ist, wenn Ihr Sprunggelenk nach vorn viel Bewegungsfreiheit hat. Sind Sie Anfänger, sollten Sie ein Modell mit einem möglichst hohen Schaft wählen – das bietet mehr Stabilität.

Augen auf beim Kauf

▶ Probieren Sie verschiedene Skates an. Haben Sie das Gefühl, dass die Skates optimal sitzen und Sie sich wohl fühlen, sind Sie auf dem richtigen Weg. Der Schaft sollte nach vorne und hinten viel Bewegungsfreiheit bieten, seitlich aber genügend Halt haben.

▶ Ziehen Sie dünne Socken oder spezielle Inlinesocken an: Sie sind rutschfest und nur an den notwendigen Stellen gepolstert.

▶ Die Ferse muss fest im Stiefel sitzen und darf beim Gehen und Fahren nicht hochrutschen. Der Innenschuh sollte über dem Spann fest sitzen, aber nicht zu kurz sein: Ein bis zwei Zentimeter Spiel an den Zehen und in der Schuhspitze sind okay.

▶ Berücksichtigen Sie Ihre Vorerfahrungen. Sind Sie ein geübter Schlittschuhläufer oder Skilanglaufspezialist, so können Sie hochwertige, schnelle Skates wählen. Haben Sie keine oder kaum Gleit- oder Rollerfahrungen, ist es besser, wenn die Lager und Rollen keine echten Renner sind.

Drücken Sie die Schulbank

Am schnellsten lernen Sie Skaten in einem Kurs einer guten Inlineschule. Solche Kurse finden oft in einer Sporthalle statt, was die Verletzungsgefahr bei einem Sturz mindert. Zudem ist man in einem abgegrenzten Raum unter Gleichgesinnten. Eine Übersicht über Schulen in Ihrer Nähe erhalten Sie beim Deutschen Inline-Skate Verband (D.I.V., Tel. 0 62 57/96 22 36). Wenn Sie es unbedingt auf eigene Faust probieren wollen, dann suchen Sie sich zumindest einen geeigneten Übungsplatz, z. B. einen Supermarktparkplatz oder Schulhof am Wochenende. Vorteilhaft ist es, wenn der Platz mit Rasen umgeben ist. So können Sie im Notfall ausweichen.

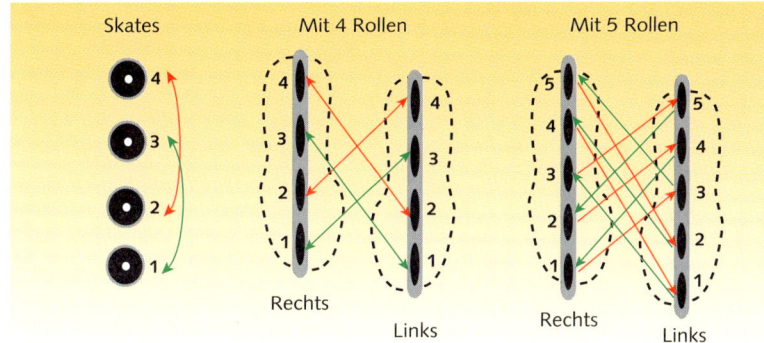

Ein regelmäßiger Rollentausch erhöht die Lebensdauer der Räder (Quelle: Begleitheft für K2-Inlineskates).

Flotter Rollentausch

Abhängig von der Fahrtechnik, Körpergewicht, Rollenhärte sowie den bevorzugten Strecken nutzen die Räder auf den Innenseiten stärker ab als auf der Außenseite. Sie sollten Ihre Rollen also nach einer gewissen Anzahl von Kilometern (ca. 60) durchtauschen. Da die vorderen und hinteren stärker verschleißen als die mittleren Rollen, sollten Sie beim Reifenwechsel nach dem in der Grafik dargestellten Muster vorgehen. Ist das Profil zu weit runtergefahren, hilft nur noch ein neuer Satz Rollen. Sind die Schienen geschraubt, überprüfen Sie in regelmäßigen Abständen (alle 50 bis 60 Kilometer) den festen Sitz.

So sind Sie im Recht

Inlineskater sind nach Paragraf 24 der Straßenverkehrsordnung (StVO) den Fußgängern zugeordnet und somit keine Fahrzeuge. Das bedeutet: Skaten ist offiziell nur auf Gehwegen, in Fußgängerzonen, auf Spielstraßen und besonders ausgewiesenen Plätzen erlaubt. Wie schnell Skater sein dürfen, ist zwar gesetzlich nicht festgelegt. Aber wenn es hart auf hart kommt, gehen die Verantwortlichen davon aus, dass ein Tempo über einer schnellen Fußgängergeschwindigkeit von sieben Kilometer pro Stunde zu einer Gefährdung der übrigen

Rollen gibt es mit einem Außendurchmesser von etwa 50 bis 80 Millimeter. Grundformel: Für Anfänger sind Größen zwischen etwa 70 und 75 Millimeter ideal, für fortgeschrittene Fitness- oder Speedskater dann die nächstgrößere Sparte von 75 bis 80 Millimeter. Der niedrige Größenbereich zwischen 50 und 65 Millimeter ist eher etwas für Aggressiveskater.

Verkehrsteilnehmer führen könnte. Wird man mit höherer Geschwindigkeit erwischt, ist man in einem Schadensfall als Skater mitverantwortlich. Die offiziell ausgewiesenen Plätze und Wege sind somit kaum geeignet. Denn die mittlere Skategeschwindigkeit beträgt rund 15 Kilometer pro Stunde – ähnlich wie beim Radfahrer. Zudem benötigen Skater eine Spurbreite von ca. 1,30 Meter, breiter als mancher Fußweg. Der durchschnittliche Bremsweg beträgt 3,7 Meter und liegt damit höher als der von Bikern (2 Meter) oder Autofahrern (1,4 Meter).

Technikschule für Turboskater

Drei Techniken braucht der Skater:

▸ Grundschritt   ▸ Kurven fahren   ▸ Sicher bremsen

Der Grundschritt – Expeditionen ins Tierreich

Denken Sie an Pinguine. Denn so ähnlich, wie die watscheln, funktioniert auch der Grundschritt. Er ist immer ein einbeiniges Rollen auf einem Skate nach einem seitlich gerichteten Abstoß von allen Rollen des anderen Skates. Versuchen Sie nicht, sich wie beim Joggen über die Zehenspitzen abzustoßen – die Rollen

Der Rhythmus ist: Abstoß links, Gleiten rechts – Abstoß rechts, Gleiten links usw. Lehnen Sie sich mit dem Oberkörper etwas nach vorne, und bringen Sie das »alte« Abstoßbein schnell an den Gleitskate heran. So vermeiden Sie, dass Ihr Körpergewicht hinter den schnell rollenden Schuhen zurückbleibt.

würden unweigerlich nach hinten wegschnellen und Sie aus der Balance bringen.

▸ Stellen Sie sich mit leicht nach außen gerichteten Fußspitzen hin (V-Stellung), verlagern Sie nun Ihr Gewicht auf einen Skate, und stoßen Sie sich vom anderen Bein durch eine Streckung im Kniegelenk ab.

▸ Rollen Sie etwas auf dem Gleitskate, bevor Sie in einer Pendelbewegung Ihr Gewicht auf den anderen Skate verlagern und sich von dem alten Gleitbein abstoßen.

Kurventraining mit Partner oder allein: bogeninnerer Skate auf die Außenkante, bogenäußerer auf die Innenkante.

Kurven fahren

Wollen Sie einen weit gezogenen Bogen fahren, lehnen Sie sich wie beim Radfahren mit dem Körper leicht in die Kurve und kippen beide Skates zur Bogenmitte. Eine leichte Schrittstellung schafft eine größere Standfläche und verbessert die Stabilität. Um das Gefühl für die Belastung der Außenkante beim bogeninneren Skate zu schulen, stützen Sie sich ab, z. B. an einer Laterne, um die Sie mehrere Runden drehen, einem Besenstiel, Eishockeyschläger oder einem Partner.

*Kurven erobern:
Lassen Sie sich
aktiv in den Bogen
kippen. Die Skates
folgen dem Körper-
schwerpunkt.*

Um Kurvenfahren zu
meistern, müssen Sie
lernen, auch auf der
Außenkante der
Skates zu fahren. Das
Training für das Fah-
ren enger und weiter
Bögen hilft Ihnen, das
richtige Gespür für
Gewichtsverlagerun-
gen zu entwickeln.
Üben Sie so lange, bis
Sie sich auf der
Außenkante des inne-
ren Schuhs ganz
sicher fühlen.

Der Powerturn

Soll es enger um die Kurve gehen, bietet sich der Powerturn an. Dabei
ist das bogeninnere Bein vorne und gebeugt. Die Hüfte wird zwischen
den Skates abgesenkt. Zeitgleich mit dem Ausfallschritt kippen Sie in
die Kurve. Drücken Sie dafür Fußgelenk und Knie in die Kurve. Drehen
Sie die bogeninnere Schulter ebenfalls zur Bogenmitte, behalten Sie
Ihren Schwung und rollen in die neue Richtung weiter.

Außenbein

Innenbein

Innenkante

Außenkante

Kurventechnik Übersetzen

Sie können auch aus der Kurve heraus beschleunigen – und zwar mit der Technik des Übersetzens. Setzen Sie das bogeninnere Bein stark gebeugt auf der Außenkante auf. Gewicht voll auf das Innenbein verlagern, Außenskate anheben. Dann zur Bogenmitte strecken, die Rollen des Innenskates werden auf den Asphalt gedrückt – das gibt Halt. Dann das Außenbein gebeugt und über Kreuz vor das innere Bein setzen und das Gewicht auf dieses Bein verlagern. Während Sie sich vom Außenbein abdrücken, den Innenskate anheben und wieder nach vorne führen. Jetzt beginnt der Bewegungszyklus von vorne.

Bremsen – bleiben Sie standhaft

Die größte Panik aller Einsteiger ist das Stoppen. Dabei gibt es verschiedene Möglichkeiten anzuhalten – je nach Tempo und Fahrkönnen. Der Heel-Stop ist die leichteste Technik. Häufig angewendet wird auch der T-Stop, der allerdings die Fuß- und Kniegelenke stark belastet. Effektiver bei höherem Tempo sind das Abschwingen und der Kanadierbogen. Doch auch bei perfekter Beherrschung aller Techniken gilt: Von 100 auf 0 geht nicht. Nach einer Vollbremsung bei 30 Kilometer pro Stunde steht man erst zehn Meter später. Also, den Blick nach vorne richten!

Auch wenn Sie eine oder mehrere Bremstechniken gut beherrschen, sollten Sie den langen Bremsweg beim Skaten im Hinterkopf haben. Daher: Passen Sie Ihr Tempo immer der Situation an. Eine plötzlich aufgehende Autotür, ein Hund, der unerwartet auf die Fahrbahn springt, sind Risiken, auf die Sie immer gefasst sein sollten.

Die besten Bremstechniken

Heel-Stop

Basisbremse: Körpergewicht über dem Gleitskate, den Bremsskate (linker Fuß) vorschieben, über die letzte Rolle ankippen und Druck aufs Bremsgummi geben. Bremsen Sie häufig mit dem Heel-Stop, nutzt sich das Bremsgummi schnell ab. Kontrollieren Sie es öfter, und tauschen Sie es gegebenenfalls aus.

T-Stop

Gewicht auf dem Gleitskate, den anderen Fuß quer zur Fahrtrichtung stellen. Mit hoher Körperspannung den Druck auf den hinteren Skate erhöhen.

Abschwingen

Enge Kurven fahren, die Skates sind weit auseinander. Gewicht auf dem bogeninneren Skate, das bogenäußere Bein strecken und langsam belasten. Der Oberkörper dreht gegen die Bogenrichtung, d. h., Kopf und Schultern zeigen weiter in die ursprüngliche Fahrtrichtung.

Der Powerslide

Während Sie das bogenäußere Bein in einem weiten Bogen nach außen führen und auf die Innenkante kippen, wird das bogeninnere Gleitbein über die vordere Rolle auf Rückwärtsfahrt gekippt und

anschließend sofort belastet. Das Außenbein wird mit Druck nach außen geschoben, so dass die Rollen mit der Innenkante über den Asphalt rutschen.

Damit Skaten nicht zum Hindernislauf wird: Fahren Sie immer vorausschauend, um Sand oder Kiesel auf der Fahrbahn sowie Kopfsteinpflaster oder ungeteerte Wegabschnitte rechtzeitig entdecken und reagieren zu können. Und zwar richtig: dazu die nebenstehenden Techniken und den Powerturn (siehe Seite 164) für schnelle Ausweichmanöver üben, üben, üben!

Kleine Hindernisse locker meistern

Straßen sind oft nicht so glatt und eben, wie man es sich als Skater wünschen würde. Kleine Hürden müssen Sie aber nicht vor große Probleme stellen.

Sicher bei Nässe oder Schmutz

Bei Regen besteht beim Abstoß, Kurvenfahren und Bremsen äußerste Rutschgefahr! Also am besten die Skates gar nicht erst anschnallen. Fängt es unterwegs an zu regnen, oder treffen Sie auf verschmutzte Straßenabschnitte, achten Sie auf folgende Punkte:
▶ Tempo drosseln, keine engen Bögen fahren
▶ Weiches, gefühlvolles Abstoßen ohne vollständige oder explosive Streckung des Beins
▶ Ist nur ein kurzer Abschnitt der Straße nass oder verdreckt: die Skates parallel stellen, Knie und Sprunggelenke leicht beugen (Bereitschaftshaltung) und durchfahren

Auf holprigem Kopfsteinpflaster

Liegt nur ein kurzer Abschnitt mit Kopfsteinpflaster vor Ihnen: mit Tempo darauf zurollen, klein und kompakt machen, Fuß-, Knie- und Hüftgelenke anwinkeln und drüberrollen. Nehmen Sie eine leichte Schrittstellung ein, die Skates dabei schulterbreit parallel führen. Das Gewicht auf beide Füße verteilen und damit rechnen, dass ein Skate hängen bleiben kann.

Vorsicht, Falle – die aufgehende Autotür

Wenn plötzlich vor Ihnen eine Autotür aufgeht: Machen Sie eine schnelle Richtungsänderung mit dem Powerturn. Dafür den bogeninneren Skate vorschieben und mit der Fußspitze in die neue Richtung drehen. Knie anwinkeln und leicht in die Kurve legen.

Holterdiepolter auf Treppen

Es verlangt etwas Übung, bringt aber auch Spaß bei flachen Stufen: Füße schulterbreit und in Schrittstellung aufsetzen, die Treppe rückwärts langsam anfahren und alle acht Rollen gleichmäßig belasten. Mit einer Hand am Geländer absichern.

So machen Sie Tempo

Um schneller zu werden, müssen Sie an Ihrer Haltung arbeiten. Bei der Speedhaltung sind Sie in allen Gelenken deutlich tiefer gebeugt als in der Grundhaltung. Sie erreichen dadurch zweierlei: Der Windwiderstand verringert sich, und die Schrittlänge und damit die Kraft für den Abdruck vergrößern sich.

Nutzen Sie beim Speedskaten auch stärker Ihre Arme, und setzen Sie diese als »Schwungmasse« ein. Schwingen Sie bei der Gewichtsverlagerung auf das neue Gleitbein den Gegenarm aktiv und kraftvoll nach vorne über das Gleitbein. Also: Gleitbein rechts, linker Arm nach vorne, Gleitbein links, rechter Arm nach vorne etc. Der andere Arm schwingt jeweils gestreckt nach hinten oben am Körper vorbei.

Wichtig fürs Speedskaten: Koordinationsfähigkeit. Die können Sie gut trainieren: Da gibt es z. B. den verstärkten Beinschluss, bei dem das Beiholen des Abstoßbeins an das Gleitbein dadurch intensiviert wird, dass man die Skates während des Gleitens aneinander stößt. Oder den Eierlauf, bei dem Sie zwischen x- und o-beinigem Fahren hin- und herwechseln.

Im Vergleich zum Grundschritt (links) ist die Schrittlänge beim Speedskaten (rechts) deutlich größer.

Die Double-Push-Technik

Wenn Sie sicher auf den Skates stehen und auch auf Fünfrollern keine Probleme haben, können Sie sich an die Double-Push-Technik wagen. Diese Profitechnik wird beim Speedskaten eingesetzt.

Die Grundidee dieser Technik ist einfach: Bei langen Gleitphasen tritt durch den hohen Rollwiderstand auf dem Asphalt ein Geschwindigkeitsverlust auf. Ein Verkürzen der Gleitphase und damit ein Erhöhen der Schrittfrequenz ist jedoch über lange Distanzen zu ermüdend. Somit bleibt als Ausweg aus diesem Dilemma nur, auch während der Gleitphase Antriebskräfte zu generieren.

Der Name der Technik rührt daher, dass es zwei Abdruckphasen gibt: einmal den bekannten Abstoß von der Innenkante am Ende des einbeinigen Gleitens.

Hinzu kommt aber noch ein Druck über die Außenkante des neuen Gleitbeins, wodurch der Körper seitlich über den aufsetzenden Skate hinausgezogen wird. Eigentlich müsste die Double-Push-Technik also Pull-and-Push-Technik heißen.

Damit der »Pull« funktioniert und die zusätzliche Energie entwickelt wird, muss der neue Gleitskate auf der Rollenmitte aufsetzen. Jetzt zieht das neue Gleitbein den Körper über den

Skate. Dadurch kippt der Skate auf die Außenkante und der Körperschwerpunkt wandert noch seitlich über den Skate nach außen. Die eigentliche Gleitphase ist durch eine Zugphase ersetzt worden. Diese geht mit dem Kippen des Körpers zurück zur Mitte nahtlos in die Abdruckphase zur anderen Seite über.

Trainingspläne auf acht Rollen

Die maximale Herzfrequenz beim Inlineskaten

Für sportliche Skater bietet sich folgender Test an:

▸ Ca. 30 Minuten intensives Aufwärmen.

▸ Auf einer flachen Strecke Temposteigerungen fahren mit ein paar schnellen Antritten über etwa 15 Sekunden. Die Strecke sollte ungefähr 1500 bis 2000 Meter lang sein. Fahren Sie diese Distanz mit maximaler Geschwindigkeit, und ziehen Sie am Ende noch einen Spurt an. Der höchste Wert auf Ihrem Pulsfrequenzgerät entspricht Ihrer momentanen maximalen Herzfrequenz.

▸ Haben Sie kein Pulsgerät, orientieren Sie sich an der Formel: 220 minus Lebensalter (sehr grober Wert), oder machen Sie eine Leistungsdiagnostik (siehe Umschlaginnenseiten).

Die Belastungsintensitäten beim Inlineskaten im Überblick

Inlineskaten	% max. Herzfrequenz	Methode
Regeneration	Bis 65 %	Dauermethode
Grundlagenausdauer GA 1	70 – 80 %	Dauermethode, Fahrtspiel
Grundlagenausdauer GA 2	80 – 90 %	Fahrtspiel, wechselhafte Dauermethode, extensives Intervalltraining
Kraftausdauer KA	80 – 95 %	Intensives Intervalltraining, Wiederholungsmethode
Wettkampfausdauer WSA	> 90 %	Wettkampfmethode

Der Plan für Einsteiger und Fatburn-Fans

Die Grundtechniken auf den Skates beherrschen Sie, nutzen die Rollschuhe aber hauptsächlich als Ausflugsgerät und für den Freizeitspaß. Sie möchten ein wenig Ihre Fitness steigern und gleichzeitig den Fettpolstern zu Leibe rücken. Voilà – Ihr Programm für die nächsten vier Wochen.

1. Woche

Montag	45 min Dauerskaten, GA 1
Mittwoch	45 min Dauerskaten, GA 1
Freitag	Techniktraining und Spiele auf Skates, 60–90 min
Sonntag	60 min Dauerskaten, GA 1

2. Woche

Montag	45 min Dauerskaten, GA 1
Mittwoch	45 min Dauerskaten, GA 1
Freitag	Techniktraining und Spiele auf Skates, 60–90 min
Sonntag	75 min Dauerskaten oder Fahrradtour, GA 1

3. Woche

Montag	60 min Dauerskaten, GA 1
Mittwoch	75 min Dauerskaten, GA 1
Freitag	Techniktraining und Spiele auf Skates, 60–90 min
Sonntag	90 min Dauerskaten oder Fahrradtour, GA 1

4. Woche

Montag	60 min Dauerskaten, GA 1
Mittwoch	60 min Dauerskaten, GA 1
Freitag	Techniktraining und Spiele auf Skates, 60–90 min
Sonntag	120 min Dauerskaten, GA 1

Leistungscheck für den Figur- und Fitnessplan: Sie machen es genau richtig, wenn Sie immer an Ihrer unteren Belastungsgrenze trainieren. Machen Sie nicht zu sehr Tempo, denn sonst bleiben Ihre Fettreserven unangetastet – und das wollen Sie ja gerade nicht.

Der Plan für den Skatemarathon unter zwei Stunden

Sie benötigen nicht nur ungefähr die Hälfte der Zeit beim Skatemarathon im Gegensatz zum Laufen, auch die Vorbereitungszeit halbiert sich. So können Sie als normaler Fitnessskater mit acht Wochen Training die 42 Kilometer im Stück durchfahren. Voraussetzung allerdings: Sie können in einer Gruppe sicher skaten.

1. Woche

Montag	Dienstag	Mittwoch	Donnerstag
Kurzes Dehn-programm (15 min)	30 min Dauer-skaten, GA 1	Frei	Kurzes Dehn-programm (15 min)
Freitag	**Samstag**	**Sonntag**	
Frei	Techniktraining und Spiele auf Skates, 60–90 min	30 min Dauer-skaten, Ga 1	

2. Woche

Montag	Dienstag	Mittwoch	Donnerstag
Kurzes Dehn-programm (15 min)	30 min Dauer-skaten, GA 1	Frei	Kurzes Dehn-programm (15 min)
Freitag	**Samstag**	**Sonntag**	
Frei	45 min Dauer-skaten, GA 1	3 x 10 min Joggen mit 5 min Gehpausen	

3. Woche

Montag	Dienstag	Mittwoch	Donnerstag
Kurzes Dehn-programm (15 min)	45 min Dauer-skaten, GA 1	Frei	Kurzes Dehn-programm (15 min)
Freitag	**Samstag**	**Sonntag**	
Frei	45 min Fahrt-spiel, GA 1	60 min flotte Fahrradtour, GA 1	

4. Woche

Montag	Dienstag	Mittwoch	Donnerstag
Kurzes Dehn-programm (15 min)	Frei	45 min Dauer-skaten, GA 1	Kurzes Dehn-programm (15 min)
Freitag	**Samstag**	**Sonntag**	
45 min Dauer-skaten, GA 1	Frei	60 min Dauer-skaten, GA 1	

5. Woche

Montag	Dienstag	Mittwoch	Donnerstag
Frei	30 min Fahrt-spiel, GA 1	45 min Fahrt-spiel, GA 1/GA 2	Kurzes Dehn-programm (15 min)

Freitag	Samstag	Sonntag	
Frei	45 min Dauer-skaten, GA 1	60 min Dauer-skaten, GA 1	

6. Woche

Montag	Dienstag	Mittwoch	Donnerstag
Kurzes Dehn-programm (15 min)	45 min Fahrt-spiel, GA 1/GA 2	45 min Dauer-skaten, GA 1	Frei

Freitag	Samstag	Sonntag	
Techniktraining und Spiele auf Skates, 60–90 min	60 min Fahrt-spiel, GA 1	90 min Dauer-skaten, GA 1	

7. Woche

Montag	Dienstag	Mittwoch	Donnerstag
Frei	Techniktraining und Spiele auf Skates, 60–90 min	2 x 8 min GA 2, 3 x 10 min GA 1, wechselhafte Dauermethode	60 min Dauer-skaten, GA 1

Freitag	Samstag	Sonntag	
Kurzes Dehn-programm (15 min)	45 min Fahrt-spiel, GA 1/GA 2	120 min Dauer-skaten, GA 1	

8. Woche

Montag	Dienstag	Mittwoch	Donnerstag
30 min Regeneration	Frei	45 min Fahrt-spiel, GA 1	30 min Dauer-skaten, GA 1

Freitag	Samstag	Sonntag	
Kurzes Dehn-programm (15 min)	30 min Regeneration, inklusive kurze Steigerungen (keine Sprints)	Marathon	

Der Plan für sportliche Skater (Marathonzeit unter eineinhalb Stunden)

90 Minuten sind die Schallgrenze für Inlineskater, vergleichbar der Drei-Stunden-Marke beim Laufmarathon. Dies ist der ideale Plan für Sie, wenn Sie schon bei einigen Rennen über kürzere Distanzen Erfahrungen gesammelt und eine gute Skatetechnik haben. Außerdem: Ein Fünfroller ist empfehlenswert.

1. Woche

Montag	Dienstag	Mittwoch	Donnerstag
Kurzes Dehn-programm (15 min)	45 min Dauer-skaten, GA 1	Kurzes Dehn-programm (15 min)	30 min Joggen oder 60 min Biken, GA 1
Freitag	**Samstag**	**Sonntag**	
Kurzes Dehn-programm (15 min)	60 min Dauer-skaten, GA 1	30 min Joggen, Ga 1	

2. Woche

Montag	Dienstag	Mittwoch	Donnerstag
Kurzes Dehn-programm (15 min)	60 min Dauer-skaten, GA 1	Kurzes Dehn-programm (15 min)	45 min Joggen oder 75 min Biken, GA 1
Freitag	**Samstag**	**Sonntag**	
Kurzes Dehn-programm (15 min)	30 min flottes Dauerskaten, GA 2	75 min Dauerskaten, GA 1	

3. Woche

Montag	Dienstag	Mittwoch	Donnerstag
Kurzes Dehn-programm (15 min)	60 min Dauer-skaten, GA 1	45 min Joggen oder 90 min Biken, GA 1	Kurzes Dehn-programm (15 min)
Freitag	**Samstag**	**Sonntag**	
Techniktraining und Spiele auf Skates, 60–90 min	60 min Fahrt-spiel, GA 1/GA 2	90 min Dauer-skaten, GA 1	

4. Woche

Montag	Dienstag	Mittwoch	Donnerstag
Kurzes Dehn-programm (15 min)	60 min Dauer-skaten, GA 1	Frei	Kurzes Dehn-programm (15 min)
Freitag	**Samstag**	**Sonntag**	
60 min Fahrt-spiel, GA 1/GA 2	Frei	105 min Dauer-skaten, GA 1	

5. Woche

Montag
Kurzes Dehn-
programm
(15 min)

Dienstag
45 min Fahrtspiel,
GA 1, inklusive
Kraftübungen

Mittwoch
45 min Joggen
oder 90 min Biken,
GA 1

Donnerstag
Kurzes Dehn-
programm
(15 min)

Freitag
Techniktraining
und Spiele,
60–90 min, inklusive
Kraftübungen

Samstag
60 min Fahrt-
spiel, GA 1/GA 2

Sonntag
120 min Dauer-
skaten, GA 1,
inklusive Kraft-
übungen

6. Woche

Montag
30 min
Regeneration

Dienstag
3 x 10 min GA 2,
2 x 15 min GA 1,
wechselhafte
Dauermethode

Mittwoch
100 min Dauer-
skaten, GA 1

Donnerstag
60 min Fahrtspiel,
GA 1, inklusive
Kraftübungen

Freitag
Frei

Samstag
45 min Joggen,
GA 1

Sonntag
105 min Dauerskaten,
GA 1, inkl. Kraftübungen

7. Woche

Montag
30 min
Regeneration

Dienstag
45 min Dauer-
skaten, inklusive
8 x 3 min
Intervalle, GA 2

Mittwoch
60 min Joggen
oder 90 min
Biken, GA 1

Donnerstag
Frei

Freitag
60 min Dauer-
skaten, GA 1,
inklusive Kraft-
übungen

Samstag
60 min Fahrt-
spiel, GA 1/GA 2

Sonntag
120 min Dauer-
skaten, GA 1

8. Woche

Montag
30 min
Regeneration

Dienstag
30 min Dauerska-
ten, GA 1, inklusive
Kraftübungen

Mittwoch
60 min Fahrt-
spiel, GA 1/GA 2

Donnerstag
30 min Regeneration

Freitag
Kurzes Dehn-
programm (15 min)

Samstag
30 min
Regeneration,
inklusive 3–4
kurze Steigerungen

Sonntag
Marathon

Die Kombination mehrerer Ausdauer-
sportarten sorgt für ausgewogene
Belastung und macht unabhängig von
Jahreszeit und Wetterlage.

Vielseitigkeit steigert das Vergnügen

So bringen Sie Abwechslung ins Training

In Ihr Crosstraining können Sie nicht nur die Klassiker wie Laufen, Radfahren und Schwimmen einbauen. Versuchen Sie es doch auch einmal mit anderen Kombinationen. Walking, Inlineskaten, Aquajogging und Skilanglauf eignen sich z. B. auch gut für den Disziplinenmix im Ausdauersport.

Crosstraining – der Mix macht's

Wer regelmäßig ausschließlich eine Ausdauerdisziplin betreibt, erreicht häufig einmal den Punkt, an dem ihm seine einstige Lieblingssportart nicht mehr so viel Spaß macht wie früher. Die Folge ist, dass man sich nur noch selten zum Training aufrafft. Dabei hat sich in den letzten Jahren neben dem Biken und Schwimmen zunehmend das Inlineskaten als zusätzlicher Ausgleichssport etabliert. Zum einen, weil der Aktionsradius im Vergleich zum Joggen deutlich größer ist und Sie, im Gegensatz zum Radfahren, auch in der Großstadt direkt vor der Haustür loslegen können. Zum anderen ist der Fun-Faktor beim Run auf den acht Rollen oft genau das Richtige, wenn Ihnen der Trott beim Traben zu langweilig wird.

Disziplinentausch als Konditionsgarant

Ein regelmäßiger Disziplinenwechsel sorgt nicht nur für Abwechslung im Trainingsalltag, sondern wird Ihnen auch beweisen, dass Sie über ungeahnte Fähigkeiten verfügen. Haben Sie sich nämlich erst mal eine gewisse Grundlagenausdauer erarbeitet, werden Sie auch die bisher unbekannten Bewegungsmuster, etwa beim Inlineskaten oder Schwimmen, schneller lernen.

Die Auswirkungen auf das Training

Die Ausdauer ist in erster Linie abhängig von der aeroben Leistungsfähigkeit und dem Herz-Kreislauf-System. Beides trainieren Sie, egal, ob Sie joggen, skaten, biken oder schwimmen. Auch wenn Sie einige Tage oder gar Wochen eine Laufpause eingelegt haben und nur auf dem Rad unterwegs waren, werden Sie danach beim Joggen trotzdem nicht deutlich langsamer sein. Läufer, Biker und Skater stärken vor allem ihre Beinmuskeln. Wenn Sie nebenher auch regelmäßig schwimmen gehen, kräftigen Sie zusätzlich Ihre Rumpf-, Schulter- und Armmuskulatur. Außerdem verschieben Sie so den anaeroben-aeroben Übergang für die gesamte Muskulatur weiter nach oben.

Je größer Ihr Repertoire an Bewegungen durch das Crosstraining wird, desto leichter fällt es Ihnen auch, eine ganz neue Sportart zu erlernen. Ganz egal, ob Sie sich in Zukunft auf dem Tenniscourt, dem Golfplatz oder der Snowboardpiste versuchen wollen.

Die gesundheitlichen Vorteile

Durch den Wechsel zwischen den Sportarten gönnen Sie Ihren Sehnen und Gelenken eine notwendige Verschnaufpause. Problemzone Nummer eins ist und bleibt für Jogger z. B. das Knie. Nach ein paar hundert Kilometern klagen viele Läufer über Schmerzen in diesem Gelenk. Beim Schwimmen oder Radfahren ist die Belastung dagegen geringer. So vermeiden Sie Überlastungsschäden am Bewegungsapparat und der Muskulatur. Die meisten Verletzungen von Freizeitsportlern resultieren aus Überlastungen der Gelenke oder Muskeln und haben oftmals eine längere, unfreiwillige Pause zur Folge. Wer jedoch in mehreren Disziplinen fit ist, wird fast immer eine Sportart finden, die er trotz leichter Blessuren weiter ausüben kann. So halten Sie, trotz Verletzung, zumindest Ihr Herz-Kreislauf-System in Form.

Die Transfereffekte beim Crosstraining sind oftmals eine zusätzliche Motivation für Athleten, die bisher einseitig trainierten und immer nur auf ihrer Hausrunde unterwegs waren, ohne dabei wirkliche Fortschritte zu machen. Das Crossprogramm macht Ihr Workout zudem wesentlich effektiver.

Fremdgehen lohnt sich – das gilt zumindest für den Sport. Schreiben Sie sich Disziplinenwechsel auf die Fahnen!

Vorteil Vielseitigkeit: Crosstraining bringt Abwechslung ins Trainingsprogramm, verbessert das Fitnesslevel und verhindert einseitige Belastung von Muskeln und Gelenken. Letzteres und die längeren Pausen zwischen den Trainingseinheiten reduzieren außerdem auch die Verletzungsgefahr.

Tipps für das Crosstraining

▸ *Regelmäßig wechseln:* Wer als Schwimmer nur hin und wieder einen kurzen, heftigen Inlinesprint einlegt, tut sich damit nicht unbedingt einen Gefallen. Für die Muskeln bleibt das Skaten dann eine ungewohnte Belastung, ein Transfereffekt ist nicht zu erwarten. Die Folge: Sie brauchen länger, bis Sie wieder fit für die nächste Einheit sind. Integrieren Sie daher, gerade zu Beginn, regelmäßig die bisher vernachlässigten Disziplinen in Ihren Trainingsmix.

▸ *Einfach einsteigen:* Sind Sie bisher noch in keinem Ausdauersport aktiv, beginnen Sie nicht gleich mit dem Crossprogramm. Trainieren Sie sich mit einer Sportart eine Grundlagenausdauer als Basis an. Mit dieser Kondition fällt Ihnen die Gewöhnung an die nächsten Disziplinen deutlich leichter.

▸ *Ruhiger werden:* Durch die vielen verschiedenen Disziplinen wird der Organismus ausreichend belastet. Versuchen Sie daher, beim Crosstraining möglichst häufig im aeroben Bereich (65 bis 75 Prozent der maximalen Herzfrequenz) zu bleiben. So verausgaben Sie sich nicht und erholen sich schneller.

▸ *Gut gerüstet:* Natürlich gibt es für jede Disziplin ein spezielles Outfit. Wollen Sie sich jedoch nicht auf eine Sportart beschränken, kann der Kleiderkauf schnell teuer werden. Achten Sie daher darauf, dass sich die Funktionswäsche für mehrere Disziplinen eignet. Sinnvoll sind z. B. Bikejacken, bei denen Sie mit einem Reißverschluss die Ärmel heraustrennen können. So haben Sie gleichzeitig eine passende Weste zum Joggen zur Verfügung.

▸ *Vereinsmeier:* Noch mehr Spaß macht das Training häufig in der Gruppe. In einem Triathlonverein schulen Sie regelmäßig alle Disziplinen. Ein weiterer Vorteil ist, dass Sie mit Hilfe eines ausgebildeten Trainers auch schneller und effektiver Ihre Technik verbessern. Wo sich ein Club in Ihrer Nähe befindet, erfahren Sie bei der Deutschen Triathlon Union (Tel. 0 69 / 6 77 20 50).

Nützliche Internet-Links für Triathleten

▶ www.dtu-ver.org: Homepage der Deutschen Triathlon-Union

▶ www.lothar-leder.de: Homepage von Lothar Leder

▶ www.tri2b.com: deutscher Internettreffpunkt von Triathleten

▶ www.triathletemag.com: amerikanisches Triathlonmagazin

Trainingspläne – Abwechslung statt Alltag

Ab jetzt haben Sie die freie Auswahl. Für den Einstieg sind drei Einheiten pro Woche optimal. Wie Sie diese in Ihren Tagesablauf einbauen, bleibt Ihnen überlassen. Allerdings sollten Sie sich nicht an drei aufeinander folgenden Tagen auspowern und dann eine lange Pause einlegen. Am besten kommen Sie auf Touren, wenn Sie sich etwa jeden zweiten Tag bewegen.

Die maximale Herzfrequenz fürs Crosstraining

▶ Für sportliche Triathleten bietet sich ein Maximalpulstest wie beim Laufen (siehe Seite 107) oder Radfahren (siehe Seite 134) an.

▶ Haben Sie kein Pulsgerät, orientieren Sie sich an der Formel: 220 minus Lebensalter (sehr grober Wert).

▶ Machen Sie eine Leistungsdiagnostik (Adressen siehe Umschlaginnenseiten).

Intensität und Herzfrequenzwerte

▶ Gewöhnung: sehr geringe Intensität

▶ Fatburning: geringe bis mittlere Intensität

▶ Intensiv: a) Dauermethode: hohe Intensität; b) Fahrtspiel: abwechselnd geringe bis sehr hohe Intensität; c) Intervall: sehr hohe Intensität, jedoch nicht maximal

Beim Crosstraining haben Sie mehrere Alternativen und sind daher weniger von Wind und Wetter abhängig. Ist es einmal zu kalt zum Biken oder Skaten, dann schwimmen Sie doch einfach stattdessen! Auch nach einem harten Wettkampf hat sich der Disziplinenmix zum sanften Ausbalancieren des körperlichen Kräftehaushalts bewährt.

Der Einsteigerplan

Tag	Inhalt	Alternative	Intensität
1. Woche			
1. Tag	Schwimmen: 20 min	Biken: 40 min, Skaten: 30 min oder Walken & Joggen: 30 min	Gewöhnung
2. Tag	Skaten: 30 min	Biken: 40 min, Schwimmen: 20 min oder Walken & Joggen: 30 min	Gewöhnung
3. Tag	Biken: 60 min	Schwimmen: 30 min, Skaten: 45 min oder Walken & Joggen: 60 min	Fatburning
2. Woche			
1. Tag	Skaten: 60 min	Schwimmen: 30 min, Biken: 60 min oder Walken & Joggen: 60 min	Fatburning
2. Tag	Walken & Joggen: 45 min	Schwimmen: 30 min, Skaten: 45 min oder Biken: 60 min	Intensiv – Dauermethode
3. Tag	Biken: 90 min	Schwimmen: 40 min, Skaten: 60 min oder Walken & Joggen: 90 min	Fatburning
3. Woche			
1. Tag	Skaten: 60 min	Schwimmen: 30 min, Biken: 60 min oder Walken & Joggen: 60 min	Intensiv – Fahrtspiel
2. Tag	Schwimmen: 40 min	Skaten: 60 min, Biken: 90 min oder Walken & Joggen: 60 min	Fatburning
3. Tag	Biken: 4-mal 2 min schnell, dazwischen 5 min locker	Skaten: 4-mal 2 min schnell, dazwischen 5 min locker, Schwimmen: 25, 50, 75, 100, 125, 150, 175, 200, 175, 150, 125, 100, 75, 50, 25 m zügig, Pause jeweils 30 sec, Walken & Joggen: 4-mal 1 min schnell, dazwischen 5 min Walken	Intensiv – Intervall
4. Woche			
1. Tag	Biken: 90 min	Schwimmen: 40 min, Skaten: 60 min oder Walken & Joggen: 90 min	Fatburning
2. Tag	Walken & Joggen: 45 min	Schwimmen: 30 min, Skaten: 45 min oder Biken: 60 min	Intensiv – Dauermethode
3. Tag	Skaten: 90 min	Schwimmen: 40 min, Biken: 120 min oder Walken & Joggen: 90 min	Fatburning

▸ Geringe Intensität: 65 bis 75 Prozent der maximalen Herzfrequenz (HFmax = 220 minus Lebensalter) beim Laufen, 60 bis 70 Prozent beim Radfahren und Skaten

▸ Mittlere Intensität: 75 bis 85 Prozent der HFmax beim Laufen, 70 bis 80 Prozent der HFmax beim Radfahren und Skaten

▸ Hohe Intensität: 85 bis 90 Prozent der HFmax beim Laufen, 80 bis 85 Prozent der HFmax beim Radfahren und Skaten

Einsteiger haben vier Alternativen zur Wahl

Unser Programm bietet Einsteigern für jede Einheit vier gleichwertige Alternativen. Die einzige Bedingung ist, dass Sie möglichst alle vier Sportarten gleichmäßig trainieren.

Um sich an das vielleicht noch ungewohnte Laufen zu gewöhnen, hat sich der Mix aus Walken und Joggen bewährt. Je nach Fitnesslevel wechseln Sie zwischen Gehen und Laufen, wobei der Walkinganteil mit steigender Form immer kürzer wird. Haben Sie es nach vier Wochen geschafft, eine halbe Stunde am Stück zu joggen, und haben Sie auch in den anderen Disziplinen keine Probleme mehr, sind Sie fit genug für das Programm für Fortgeschrittene.

Das Fortgeschrittenenprogramm

Neben Ihrer Kondition verbessern Sie beim Ausdauertraining auch Ihr Körpergefühl. Versuchen Sie einfach mal, unterwegs zu raten, wie hoch Ihre Herzfrequenz ist, und kontrollieren Sie sich dann mit dem Pulsmesser. Wenn Sie das nächste Mal in einer anderen Disziplin unterwegs sind, horchen Sie in sich hinein, wie Sie sich dann bei der gleichen Herzfrequenz fühlen. Sie werden merken, dass Sie nach einigen Wochen Ihren Körper deutlich besser kennen. Spitzensportler sind so gut »geeicht«, dass sie bei Belastungen ihre Pulsfrequenz auf wenige Schläge genau angeben können.

»Vom Feeling her hatte ich ein gutes Gefühl«, dies diktierte nach einem Spiel einst die Kickerkoryphäe Andreas Möller den ungeduldig wartenden Journalisten in die Blöcke. Nun ja. Aber wie in vielen Fußballweisheiten steckt auch in diesen Worten ein Funken Wahrheit. Denn mit der ansteigenden Formkurve verbessert sich auch Ihr Körpergefühl.

Der Plan für Fortgeschrittene

Tag	Inhalt	Alternative	Intensität
1. Woche			
Dienstag	Schwimmen: 30 min	Biken: 60 min, Skaten: 45 min oder Joggen: 30 min	Gewöhnung
Donnerstag	Skaten: 45 min	Biken: 60 min, Schwimmen: 30 min oder Joggen: 30 min	Gewöhnung
Sonntag	Biken: 90 min	Schwimmen: 45 min, Skaten: 75 min oder Joggen: 60 min	Fatburning
2. Woche			
Dienstag	Skaten: 90 min	Schwimmen: 45 min, Biken: 120 min oder Joggen: 60 min	Fatburning
Donnerstag	Joggen: 45 min	Schwimmen: 30 min, Skaten: 60 min oder Biken: 90 min	Intensiv – Dauermethode
Sonntag	Biken: 2–3 h	Schwimmen: 60 min, Skaten: 90 min oder Joggen: 75 min	Fatburning
3. Woche			
Dienstag	Skaten: 90 min	Schwimmen: 45 min, Biken: 120 min oder Joggen: 60 min	Intensiv – Fahrtspiel
Donnerstag	Schwimmen: 60 min	Skaten: 90 min, Biken: 120 min oder Joggen: 75 min	Fatburning
Sonntag	Biken: 8-mal 2 min schnell, dazwischen 4 min locker	Skaten: 8-mal 2 min schnell, dazwischen 4 min locker, Schwimmen: 8-mal 25 m Sprint, 400 m locker, 8-mal 100 m schnell, 400 m locker, 4- mal 25 m Sprint, Pause jeweils 45 sec, Joggen: 8-mal 1 min schnell, dazwischen 5 min locker	Intensiv – Intervall
4. Woche			
Dienstag	Biken: 2–3 h	Schwimmen: 60 min, Skaten: 90 min oder Joggen: 75 min	Fatburning
Donnerstag	Joggen: 45 min	Schwimmen: 30 min, Skaten: 60 min oder Biken: 90 min	Intensiv – Dauermethode
Sonntag	Skaten: 120 min	Schwimmen: 60 min, Biken: 2–3 h oder Joggen: 75 min	Fatburning

In acht Wochen fit für den Triathlon

Seit die Triathleten im Jahr 2000 bei den Spielen von Sydney ihr olympisches Debüt gaben, sind immer mehr Menschen von dem Ausdauerdreikampf – Schwimmen, Radfahren und Laufen – fasziniert. Seinen Mythos hat der Triathlon jedoch durch den Ironman erlangt. Jene Erfindung einer Gruppe auf Hawaii stationierter US-Marines, die darum stritten, welches der beste Ausdauersportler sei – der Schwimmer, der Radfahrer oder der Läufer.

Das Resultat ist der seit 1978 regelmäßig ausgetragene Ironman-Wettbewerb, bei dem inzwischen Tausende die unglaubliche Distanz von 3,8 Kilometer Schwimmen, 180 Kilometer Radfahren und 42 Kilometer Laufen hinter sich gebracht haben.

Nicht zu ehrgeizig einsteigen

Als Einstieg eignet sich allerdings am besten ein Jedermann-Rennen. Für viele Neulinge ist dies ein überwältigendes Ereignis. Denn bei einem solchen Triathlon herrscht in der Regel Volksfeststimmung, da dies für die Mehrheit der Teilnehmer der erste Triathlon ist und nicht die Platzierung zählt, sondern allein das Ankommen.

Die Vorbereitung für einen Jedermann-Wettbewerb besteht aus einem reinen Gesundheitstraining. Als Anfänger sind Sie trotz der relativ kurzen Distanzen ungefähr eine gute Stunde unterwegs. Ihr Training sollte also fast immer im aeroben Bereich stattfinden, auch wenn Sie die einzelnen Abschnitte separat zügiger zurücklegen könnten.

Hat das Triathlonvirus Sie dann gepackt, ist die olympische Distanz (1,5 km/40 km/10 km) die nächste Herausforderung. Betreiben Sie seit etwa einem halben Jahr regelmäßig dreimal pro Woche eine der drei Disziplinen, sind Sie spätestens in acht Wochen fit für Ihre eigene olympische Premiere.

Und auch für Sie gilt: Dabei sein ist alles.

Bei den Jedermann-Triathlon-Veranstaltungen mit unterschiedlichen Streckenlängen (zumeist etwa 500 Meter Schwimmen, 20 Kilometer Radfahren und fünf Kilometer Laufen) können Sie die erste Wettkampfluft schnuppern.

Trainieren für den Triathlon

Wochentag	Disziplin	Inhalt	Intensität *
1. Woche			
Montag		Frei	
Dienstag	Schwimmen	8 x 50 m mit 2 min Pause	65–70 (GA 1)
Mittwoch	Radfahren	50 min	65–70 (GA 1)
Donnerstag		Frei	
Freitag	Schwimmen	6 x 100 m mit 2 min Pause	60–65 (GA 1)
Samstag	Laufen	20 min	70 (GA 1)
Sonntag	Radfahren	60 min	70 (GA 1)
2. Woche			
Montag		Frei	
Dienstag	Laufen	20 min	70 (Regeneration)
Mittwoch	Radfahren	50 min	65 (GA 1)
Donnerstag		Frei	
Freitag	Schwimmen	8 x 100 m mit 2 min Pause	70 (GA 1)
Samstag	Laufen	30 min	75 (GA 1)
Sonntag	Radfahren	70 min	70 (GA 1)
3. Woche			
Montag		Frei	
Dienstag	Laufen	25 min	70 (Regeneration)
Mittwoch	Radfahren	60 min	60 (GA 1)
Donnerstag		Frei	
Freitag	Schwimmen	6 x 200 m mit 2 min Pause	65 (GA 1)
Samstag	Laufen	30–35 min	70 (GA 1)
Sonntag	Radfahren	90 min	75 (GA 1)
4. Woche			
Montag		Frei	
Dienstag	Schwimmen	100 m – 400 m – 100 m mit je 1 min Pause	70 (GA 1)
Mittwoch	Radfahren	60 min	60 (GA 1)
Donnerstag		Frei	
Freitag	Laufen	30 min	65 (GA 1)
Samstag	Schwimmen	100 m – 200 m –300 m – 300 m – 200 m – 100 m mit 2 min Pause	70 (GA 1)
Sonntag	Radfahren	60 min	70 (GA 1)

* in Prozent der maximalen Herzfrequenz

Wochentag	Disziplin	Inhalt	Intensität *
5. Woche			
Montag		Frei	
Dienstag	Laufen	35 min	75 (GA 1)
Mittwoch	Radfahren	60 min, dann 20 min Auslaufen	65 (GA 1)
Donnerstag		Frei	
Freitag	Schwimmen	100 m – 200 m – 300 m – 300 m – 200 m – 100 m mit 1 min Pause	70 (GA 1)
Samstag	Laufen	40 – 45 min	75 (GA 1)
Sonntag	Radfahren	90 min, dann 20 min Auslaufen	70 (GA 1)
6. Woche			
Montag		Frei	
Dienstag	Laufen	45 min	70 (GA 1)
Mittwoch	Radfahren	60 min, dann 30 min Auslaufen	65 (GA 1)
Donnerstag		Frei	
Freitag	Schwimmen	100 m – 200 m – 300 m – 400 m – 600 m – 200 m – 100 m mit 1 min Pause	70 (GA 1)
Samstag	Laufen	50 min	70 (GA 1)
Sonntag	Radfahren	120–150 min	65–70 (GA 1)
7. Woche			
Montag		Frei	
Dienstag	Laufen	60 min	70 (GA 1)
Mittwoch	Radfahren	60 min, dann 30 min Auslaufen	60 (GA 1)
Donnerstag		Frei	
Freitag	Schwimmen	100 m – 1 min Pause – 1000 m – 3 min Pause – 100 m	70–80 (GA 1)
Samstag	Laufen	60 min	70 (GA 1)
Sonntag	Radfahren	120–150 min, dann 20 min Auslaufen	65–70 (GA 1)
8. Woche			
Montag		Frei	
Dienstag	Laufen	15–20 min sehr locker	60–65 (Regeneration)
Mittwoch	Radfahren	40 min, 10 min Auslaufen, 4 Sprints à 60 m	60 (GA 1)
Donnerstag		Frei	
Freitag	Schwimmen	6 x 50 m mit 2 min Pause	70 (GA 1)
Samstag	Laufen	Eventuell 15 min	60 (Regeneration)
Sonntag		Wettkampf	

* in Prozent der maximalen Herzfrequenz

Auch Fitnessstudios haben ihre Vorzüge: Dort finden Sie alles, was Sie für ein gezieltes Training brauchen.

Gerätetraining – das geht immer

Gezielte Leistungs-verbesserung im Studio

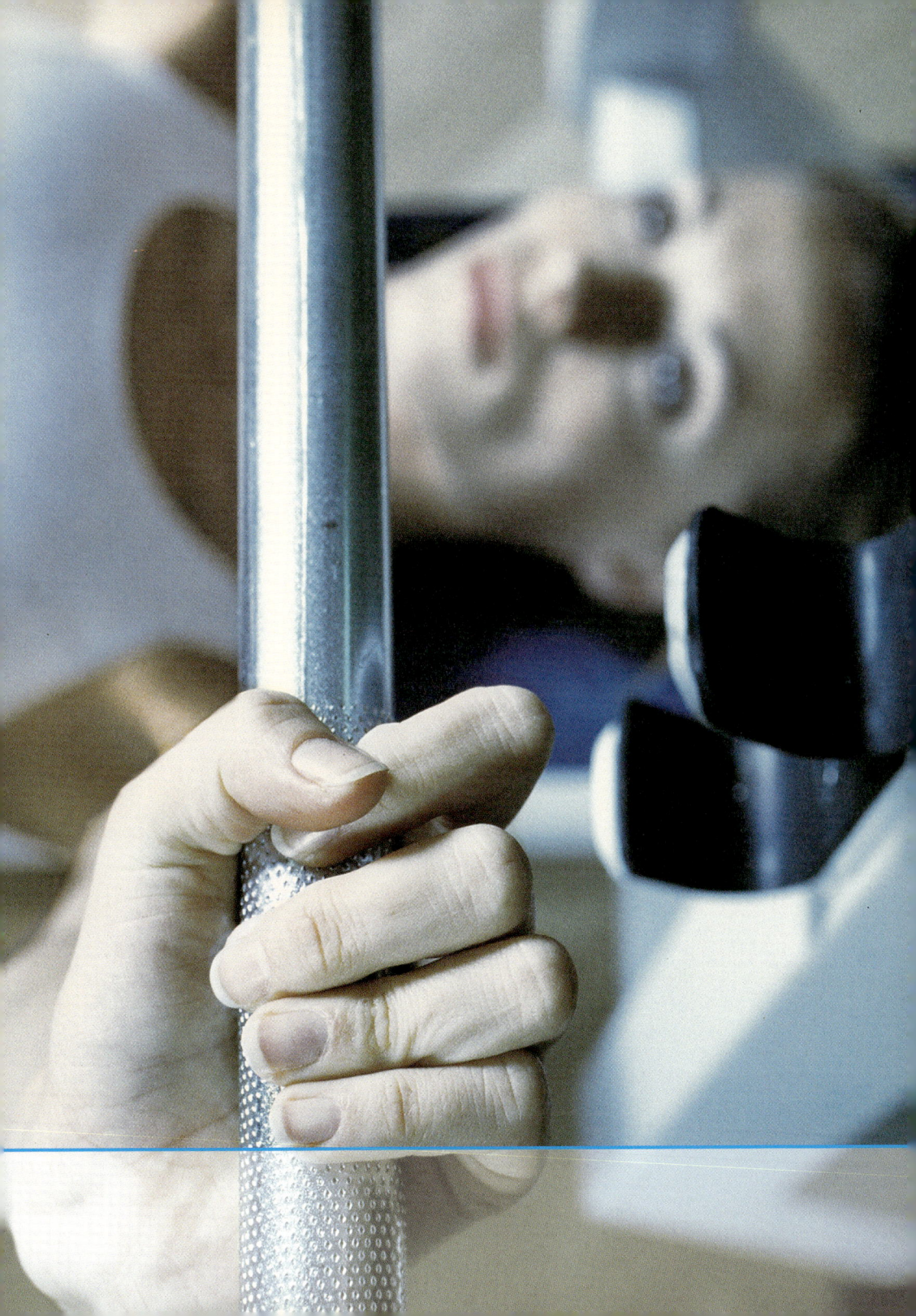

Training im Studio

Wie das richtige Fitnessstudio finden? Wichtigstes Kriterium ist natürlich der Wohlfühlfaktor. Es nützt Ihnen nichts, wenn zwar modernste Geräte vorhanden sind, Sie sich aber zwischen all den Muskelprotzen nicht gut fühlen. Nehmen Sie deshalb das Angebot vieler Studios für eine Schnupperstunde wahr, bevor Sie sich entscheiden.

Während die einen Waldwege und Parkanlagen zum Training nutzen, um beim Bewegen in der freien Natur zu entspannen, hält andere der Gedanke an Matsch und Nieselregen eher vom Workout ab. Verständlich, insbesondere wenn man das Wetter in unseren Breitengraden betrachtet. Aber natürlich gibt es eine Alternative: das Fitnessstudio. Und die sind inzwischen wahre Wellnessoasen geworden. Sprossenwand und Hantelbank sind in vielen Centern nur noch Nebensache. Einen Großteil der Geräte machen heutzutage die Ausdauertrainer aus.

Der Vorteil ist, dass diese Geräte ein von Wind und Wetter unabhängiges Workout ermöglichen. Beim Ellipsen- oder Crosstrainer und beim Rudergergometer kommt hinzu, dass Sie an diesen Maschinen nicht nur das Herz-Kreislauf-System, sondern sogar die gesamte Rumpfmuskulatur kräftigen. Doch das große Angebot erschwert auch die Entscheidung für einen Cardiotrainer.

Cardiotrainer – eine Herzensangelegenheit

Insbesondere für Einsteiger ist das Ergometertraining eine hervorragende Alternative, da sich das Workout mit den Cardiogeräten exakt steuern lässt. Fast alle verfügen über Einstellungsmöglichkeiten, um die Belastungsintensität zu verändern oder durch Intervallprogramme das Training abwechslungsreicher zu gestalten. Einige Angaben, wie etwa der Kalorienverbrauch, sind aber selbst an den Hightech-Trainern häufig ungenau. Der Grund ist, dass nur an wenigen Ausdauermaschinen das Körpergewicht eingegeben werden kann. Ohne diesen Wert ist es aber unmöglich, ein korrektes Ergebnis zu erhalten.

Außerdem versuchen viele Cardiogeräte, mit Leistung zu überzeugen. Die Anzeige der erbrachten Wattzahl soll ein kontinuierliches Training gewährleisten, ist aber irreführend. Eine Orientierung an der Wattzahl ist nur sinnvoll, wenn Sie schon länger auf dem Gerät trainieren und über eine Leistungsdiagnostik bereits Ihren optimalen Trainingspulsbereich ermittelt haben. Garantiert in der Fettverbrennungszone bleiben Sie nur, wenn Sie sich an Ihrem Puls orientieren. Dieser wird von fast allen Geräten exakt gemessen und angezeigt. Die freie Auswahl haben Sie bei der Entscheidung, auf welchem Gerät Sie loslegen wollen. Lediglich Einsteiger sollten darauf achten, dass ihnen die gewählte Bewegung zumindest einigermaßen vertraut ist. Hier die gängigsten Ergometertypen.

Das Laufband

Das Laufband ist der effektivste Fettkiller mit der natürlichsten Bewegungsform. Der Vorteil gegenüber der Freiluftvariante ist, dass Sie das Tempo exakt und gleichmäßig wählen können. Moderne Geräte bieten außerdem die Möglichkeit, Hügelläufe und abwechslungsreiche Steigungsläufe zu simulieren, um so zusätzlich die Bein- und Gesäßmuskulatur zu stärken. Allerdings sollten Anfänger nur eine maximale Steigung von zwei Prozent wählen. Später erhöhen Sie die Steigung langsam jeweils in Schritten von 0,5 Prozent. Achten Sie darauf, stets in der Mitte des Bands zu joggen. Die Arme schwingen dabei seitlich und eng neben dem Körper mit. Im Gegensatz zur Freiluftvariante müssen Sie sich mit den Beinen jedoch nicht so weit nach vorne ziehen, da das Band unter Ihnen weg läuft. Um auf Nummer sicher zu gehen, vergewissern Sie sich vor dem Start, wo sich der Notstopphebel befindet. In der Regel ist auf dem Display ein großer Schalter angebracht, mit dem Sie das Band jederzeit anhalten können. Ansonsten kann das Workout schnell nach hinten losgehen.

Absoluter Spitzenreiter in Sachen Fettverbrennung ist das Laufband. Platz zwei belegt das Bike-Ergometer, gefolgt vom Stepper auf Rang drei. Doch Fatburning sollte nicht das Hauptkriterium für die Wahl eines Geräts sein. Auch die Belastung der Gelenke spielt eine Rolle – sie ist z. B. beim Laufband höher als beim Fahrradergometer oder Stepper.

Wenn Sie der ewig gleiche Trott auf dem Ergometer Überwindung kostet, verwöhnen Sie sich doch hinterher immer mit einem gepflegten Gang in die Sauna oder ins Dampfbad. So assoziieren Sie schnöden Gerätesport automatisch mit wohltuender Wellness.

*Das Fahrrad –
der Klassiker unter den
Cardiogeräten.*

Die typischen Ausdauertrainingsgeräte

- ▶ Climber
- ▶ Crosstrainer
- ▶ Fahrradergometer
- ▶ Laufband

- ▶ Ruderergometer
- ▶ Skitrainer
- ▶ Stepper
- ▶ Walker

Das Fahrrad

Da die Trittbewegung des Bike-Ergometers jedem vertraut ist, eignet er sich hervorragend für Einsteiger. Neben dem Herz-Kreislauf-System stärkt das Strampeln die Bein- und Gesäßmuskulatur – ohne die Kniegelenke zu sehr zu belasten. Deshalb ist der Fahrradergometer für Übergewichtige besonders empfehlenswert. Achten Sie beim Treten darauf, dass die Sattelhöhe richtig eingestellt ist. Das Knie darf nicht ganz durchgedrückt, aber auch nicht zu sehr gebeugt werden. Genau richtig sitzen Sie, wenn die Ferse bei gestrecktem Bein gerade die Pedale in der Sechs-Uhr-Stellung erreicht. Beim Treten liegen die Fußballen genau über der Drehachse der Pedale. Wählen Sie den Widerstand nicht zu hoch, so dass Sie noch mit einer Frequenz von 80 bis 100 Umdrehungen pro Minute treten können. Bei einer zu niedrigen Trittfrequenz steigt die Belastung für die Knie.

Stepper und Walker

Neben der Verbesserung der Ausdauer stärken Sie mit dem Stepper auch Ihre Beinmuskulatur, ohne dabei die Gelenke zu belasten. Für Anfänger besonders geeignet ist ein Stepper mit einem so genannten abhängigen System, bei dem durch das Niedertreten des einen Pedals sich das andere automatisch nach oben bewegt. Bei Geräten mit einem »unabhängigen System« sind die Pedale dagegen getrennt aufgehängt und kehren in die Ausgangsstellung zurück, sobald sie entlastet werden. So trainieren Fortgeschrittene noch zusätzlich ihre Koordination. Achten Sie darauf, dass stets die ganze Sohle auf den Pedalen aufliegt. Da mit jedem Schritt das gesamte Körpergewicht in die Höhe gestemmt wird, steigt der Puls schnell in den trainingsrelevanten Bereich. Überlastungsschäden am Rücken vermeiden Sie, indem Sie den Oberkörper aufrecht halten und sich an den Griffen festhalten – ohne sich dabei aus den Armen nach oben zu drücken. Ebenfalls ein ideales Einsteigergerät für Schwergewichte ist der Walker, da das »Gehen« eine sehr schonende Bewegung ist. Aufgrund der niedrigen Intensität ist dieses Cardiogerät aber auch für Ausdaueranfänger bestens geeignet. Um die Belastung für die Gelenke gering zu halten, achten Sie darauf, die Knie nicht ganz durchzudrücken.

Der Crosstrainer

Eines der beliebtesten Cardiogeräte ist der Crosstrainer, da er den ganzen Körper trainiert und die ellipsenförmige Beinbewegung die Gelenke schont. Der Crosstrainer verbindet die hohen aeroben Anforderungen des Laufens mit den belastungsarmen Eigenschaften des Gehens. Üben Sie zu Beginn erst freihändig, ohne die Armstangen oder Bügel zu greifen. So bewegen sich die Beine garantiert richtig. Erst wenn es rund läuft, kommt der Armeinsatz – anfangs noch ohne großen Kraftaufwand – hinzu. Die Füße müssen dabei ständig mit der ganzen Sohle Kontakt zu den Pedalen haben.

Das Rudergerät

Wie die Freiluftvariante, trainiert der Ruderergometer sowohl das Herz-Kreislauf-System als auch die Rumpf- und Armmuskulatur. Die ersten Ruderschläge sollten Sie jedoch unter Anleitung eines Trainers machen, damit Sie sich keine falsche Technik angewöhnen. Die Bewe-

Der Crosstrainer ist eine Kombination aus Stepper und Laufband. Sie trainieren in sehr harmonischen Bewegungen: Es wird zwischen Steigen und Laufen bzw. Gehen hin- und hergewechselt. Die Belastung für die Gelenke ist sehr gering: Das macht den Crosstrainer auch zum idealen Gerät für Übergewichtige.

Schritt für Schritt fit auf dem Stepper!

gung besteht aus einer kräftigen Zugphase, die über die Streckung der Beine eingeleitet, über den Rumpf fortgesetzt und mit dem Anziehen der Arme beendet wird. Der Rücken bleibt während der gesamten Bewegung gestreckt. Haben Sie die Technik erst einmal verinnerlicht, ist das Rudern zudem ein hervorragendes Koordinationstraining.

Der Skitrainer

Der Skitrainer ist das koordinativ anspruchsvollste Gerät, das alle großen Muskelgruppen trainiert. Dafür ist ebenfalls eine Einführung durch einen Trainer empfehlenswert. Um mehr Stabilität zu haben, stützen Sie den Bauch am Gerät ab. Die Arme schwingen gegengleich von weit vorne bis weit nach hinten. Vermeiden Sie dabei, die Schultern hochzuziehen. Die Bewegung der Beine ähnelt einem Laufschritt, die Beine bleiben dabei allerdings leicht gebeugt.

Der Climber

Optimal, wenn Sie Ihr Herz-Kreislauf-System und Ihren Rücken schonend stärken wollen, ist der Climber. Bei den ersten Einheiten empfiehlt es sich jedoch, sehr langsam in die Höhe zu klettern und den Widerstand nicht zu hoch einzustellen. So lernen Sie sauber die koordinativ anspruchsvolle Technik.

Auch für das Training im Fitnessstudio gilt: vorab unbedingt zum Arzt, am besten zu einem Sportarzt mit Kenntnissen in Allgemeinmedizin. Ein solcher Check-up bringt Ihnen u. a. Klarheit über Ihr körperliches Leistungsvermögen. So kann Ihr Gerätetraining genau an Ihre persönlichen Fähigkeiten angepasst werden. Denn Übertraining gefährdet Ihre Gesundheit!

Quelle: FIT FOR FUN

Laufband, Climber, Stepper, Crosstrainer, Walker, Skitrainer	Kaum trainiert	Mäßig trainiert	Gut trainiert	Top trainiert
Ruhepuls + (220 − ¾ Alter − Ruhepuls) x	0,6	0,65	0,7	0,75
	Faktor	Faktor	Faktor	Faktor

Bike- und Ruderergometer	Kaum trainiert	Mäßig trainiert	Gut trainiert	Top trainiert
Ruhepuls + (220 − Alter − Ruhepuls) x	0,6	0,65	0,7	0,75
	Faktor	Faktor	Faktor	Faktor

Die Hitliste der Fatburngeräte

Platz	Gerät	Kalorienverbrauch*
1	Laufband	765 kcal
2	Fahrrad	720 kcal
3	Stepper	675 kcal
4 a	Walker	630 kcal
4 b	Crosstrainer	630 kcal
4 c	Rudergerät	630 kcal
4 d	Skitrainer	630 kcal
4 e	Climber	630 kcal

*Belastungsdauer 60 Minuten, Körpergewicht 75 Kilogramm

Die besten Fettkiller

Wer sich für das Ergometertraining daheim oder im Studio entscheidet, tut dies meistens, um den überflüssigen Pfunden zu Leibe zu rücken. Damit Sie sich die ganze Zeit über im optimalen Fettstoffwechselbereich bewegen, berechnen Sie Ihren Trainingspuls mit den in der Grafik auf Seite 196 angegebenen Formeln.

Dabei ist aber nicht nur die richtige Trainingsintensität, sondern auch die Wahl des Geräts mit entscheidend. In einer Studie untersuchte FIT FOR FUN in Zusammenarbeit mit dem Institut für Prävention und Nachsorge (IPN) daher, welches der beste Fettkiller unter den Studioergometern ist. Mit Hilfe eines Spiroergometers wurde der Sauerstoff- und Kohlendioxidgehalt der ein- und ausgeatmeten Luft gemessen. Anhand dieser Daten konnte der Kalorienverbrauch der jeweiligen Testpersonen ermittelt werden. Das Ergebnis: Fettkiller Nummer eins ist eindeutig das Laufband.

Praktisch sind Geräte, die den Kalorienverbrauch errechnen. Doch nur, wenn Sie vorher Ihr Gewicht genau eingegeben haben, stimmt die Anzeige. Denn natürlich verbraucht eine schwere Person, die eine größere Masse zu bewegen hat, bei der gleichen Trainingseinheit mehr Kalorien als eine leichte – und umgekehrt.

Gewöhnung verbessert die Fettverbrennung

Als Freizeitsportler sollten Sie sich nicht nur an den medizinischen Parametern orientieren. Denn die Fettverbrennung kommt nur dann wirklich zum Zuge, wenn die Bewegungen den Muskeln in Fleisch und Blut übergegangen sind.

Ähnlich wie bei technischen Sportarten, wie etwa Golf oder Tennis, müssen Sie ebenso Cardiotraining erst erlernen. Der Ergometer scheint zwar leichter zu bedienen, doch auch hier benötigen die Muskeln eine Eingewöhnungsphase. Obwohl die Bewegungen schon bald flüssig wirken, belegt die FIT FOR FUN-Studie, dass bei der gleichen Herzfrequenz auf ungewohnten Geräten die Sauerstoffaufnahme und auch der Kalorienverbrauch und die Fettverbrennung sinken. Die Muskeln arbeiten unökonomischer. Bleiben Sie trotzdem bei der empfohlenen Herzfrequenz. Dann trainieren Sie auf jeden Fall schon im Bereich der optimalen Fettverbrennung. Nach einigen Wochen haben Ihre Muskeln die Bewegungen abgespeichert und automatisiert, und der prozentuale Anteil der Fettverbrennung steigt langsam in Richtung Maximalwert.

Der Kraft-Ausdauer-Mix

Natürlich haben Sie im Fitnessstudio die besten Voraussetzungen, um neben dem Cardiotraining an den Kraftmaschinen ebenfalls Ihre Muskulatur zu stärken. Diese Möglichkeit sollten Sie nutzen, denn die Kombination aus Kraft und Ausdauer gewährleistet einen kompletten Rundumschutz für Ihren Organismus. Gerade Ausdauersportler vernachlässigen beim Training häufig die Rumpf- und Armmuskulatur. Deshalb sollten Sie sich bei jedem Studiobesuch aufraffen und zusätzlich zum Cardiotraining auch noch etwa 30 Minuten an den Kraftmaschinen verbringen.

Keine Zeit fürs Studio? Oder keine Lust auf Zuschauer? Dann richten Sie sich doch einfach daheim Ihre ganz persönliche Fitnessoase ein. Mittlerweile gibt es erschwingliche und effektive Geräte im Kleinstformat für den Hausgebrauch. So können Sie mit minimalem Aufwand große Wirkung erzielen.

Die Reihenfolge spielt eine Rolle

Dabei stellt sich die Frage, welcher Teil zuerst auf dem Programm stehen sollte. Bisher galt im Studio die Regel: »Erst Kraft, dann Ausdauer«. Hintergrund ist, dass die Muskeln durch ein vorheriges Ausdauertraining bereits ermüdet mit dem Krafttraining beginnen und nicht mehr so hohe Gewichte stemmen können. Die Folge: Der Muskelzuwachs fällt nicht so üppig aus wie gewünscht. Dieses sportwissenschaftliche Prinzip hat nach wie vor seine Berechtigung – wenn Sie vor allem Muskeln aufbauen wollen. Allerdings belegt eine Studie der Universität Bayreuth, dass durch das vorangegangene Krafttraining die Laktatkonzentration in der Muskulatur auf bis zu acht Millimol steigt und dadurch die Fettverbrennung praktisch abgewürgt wird. Wollen Sie also eine gehörige Portion Fett verbrennen, empfiehlt es sich, mit der Ausdauereinheit zu beginnen und erst danach an die Kraftmaschinen zu wechseln. Also erst Ausdauer, dann Kraft. Die Untersuchung mit dreistelligen Probandenzahlen ergab, dass der Anteil der Fettverbrennung ohne die Vorbelastung auf den Ergometern im Schnitt bei 40 Prozent lag. Nach einem vorangegangenen Krafttraining sank der Fettverbrennungsanteil dagegen auf 16 Prozent.

Wer das Ausdauertraining erst nach dem Kraftworkout absolviert, stellt seine Polster unter Naturschutz. Selbst nach einer halben Stunde liefern die Fette nur ein Viertel der insgesamt benötigten Energie. Trainieren Sie ohne Vorbelastung, fließt das Fett in Strömen. Im Durchschnitt kommen 40 Prozent der Energie aus den heimlichen Reserven.

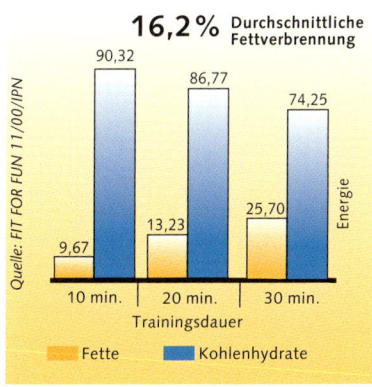

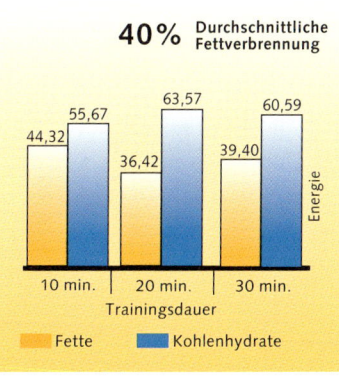

Trainingspläne – fit für alle Fälle

Jetzt legen Sie los. Beachten Sie aber: Der Fettverbrennungsplan (auf Seite 201) richtet sich an diejenigen, die bereits seit einigen Wochen auf den Ergometern aktiv sind.

Absolute Ergometernovizen bringen am besten erst einmal sich selbst und den eigenen Fettstoffwechsel mit dem Einsteigerprogramm auf Touren.

Der Plan für Einsteiger

Für die ersten vier Wochen wählen Sie sich aus den beiden unten aufgeführten Zielbereichen jeweils ein Gerät jeder Kategorie aus. Achten Sie darauf, dass der Bewegungsablauf Ihnen möglichst gut vertraut ist. Am Anfang reichen drei Einheiten pro Woche aus, bei denen Sie jeweils an einem Gerät trainieren. Die Intensität berechnen Sie mit der Pulsformel auf Seite 196.

Beim Warm-up und Cool-down sollte die Herzfrequenz nicht über 100 bis 120 Schläge pro Minute steigen.

Zielbereiche und Geräte

- *Beine, Gesäß, Hüfte:* Walker, Fahrrad, Stepper, Laufband
- *Ganzer Körper:* Crosstrainer, Rudergerät, Climber, Skitrainer

Sitzen Sie den ganzen Tag im Büro am Schreibtisch, entscheiden Sie sich für Geräte, auf denen Sie im Stehen trainieren (Walker, Crosstrainer, Climber, Skitrainer, Stepper, Laufband). So schaffen Sie den notwendigen Ausgleich zum Alltag. Fahrrad- und Ruderergometer sind dagegen besser geeignet, wenn Sie im Beruf schon viel auf den Beinen sind.

Vier-Wochen-Plan für Einsteiger

	1. Woche	2. Woche	3. Woche	4. Woche
Warm-up	5 min	5 min	7 min	7 min
Programm	2 x 7 min	2 x 8 min	15 min	18 min
Pause	2 min Tempo reduzieren	2 min Tempo reduzieren		
Cool-down	3 min	3 min	5 min	5 min
Gesamt	24 min	26 min	27 min	30 min

Vier-Wochen-Plan für Fortgeschrittene

	1. Woche	2. Woche	3. Woche	4. Woche
Warm-up	5 min	5 min	7 min	7 min
Programm	4 x 5 min	4 x 6 min	4 x 7 min	4 x 8 min
Cool-down	3 min	3 min	5 min	5 min
Gesamt	28 min	32 min	40 min	44 min

Das Programm für Fortgeschrittene

Obwohl in den Studios unterschiedliche Ergometer stehen, bleiben Rudermaschine und Climber oft ungenutzt. Vor den Laufbändern, Fahrradergometern und Crosstrainern steht das nach Bewegung lechzende Publikum dagegen Schlange. Haben Sie jedoch erst mit den letztgenannten Geräten Ihre Grundlagenausdauer aufgebaut, sollten Sie neue Wege gehen. Wählen Sie aus jedem der vier unten aufgeführten Bereiche ein Gerät aus. Stehen in Ihrem Studio nicht alle zur Verfügung, kombinieren Sie die Ergometer so, dass Sie vier Maschinen im Wechsel aus der linken und rechten Spalte zusammenstellen (z. B. Walker, Fahrradergometer, Stepper, Rudergerät). Um den Fettpolstern wirklich zu Leibe zu rücken, reichen drei bis vier Einheiten pro Woche aus. Ihren individuellen Trainingspuls berechnen Sie mit der Formel auf Seite 196. Nach einem Monat schaffen Sie so bereits einen Umfang von fast 45 Minuten. Wollen Sie sich danach weiter steigern, erhöhen Sie an jedem Gerät die Belastungsdauer um eine weitere Minute.

Nützliche Internet-Links:
▸ www.dfav.de: Homepage des Deutschen Fitness- und Aerobic-Verbands
▸ www.fitnessverband.de: Homepage des Verbands deutscher Fitness- und Freizeitunternehmen
▸ www.fitforfun.de: Online-Seiten der Zeitschrift FIT FOR FUN
▸ www.dssv.de: Homepage des Deutschen Sportstudioverbands
▸ www.ifis.net: Homepage des internationalen Fitness- und Gesundheitsforums

Zielbereiche und Geräte

	Aufrecht	Sitzend
Zielbereich	Beine, Gesäß, Hüfte	Ganzer Körper
Geräte	Walker, Stepper, Laufband	Rudergerät
Zielbereich	Ganzer Körper	Beine
Geräte	Crosstrainer, Climber, Skitrainer	Fahrradergometer

Literatur

Armstrong, L./Carmichael, C./Nye, P. J.: Das Lance Armstrong-Trainingsprogramm. Ehrenwirth Verlag. Bergisch Gladbach 2001

Engels, T./Neumann, B.: Optimal trainieren. Südwest Verlag. 4. Auflage, München 2001

Giehrl, J./Hahn, M.: Richtig schwimmen. BLV. München 2000

Grosser, M./Hermann, H./Tusker, F./Zintl, F.: Die sportliche Bewegung. BLV. München 1987

Hamm, M.: Powerfood für Spitzenleistung. Südwest Verlag. München 2001

Hatje, T./Denecke, U.: Inlineskaten wie ein Profi. Südwest Verlag. 3. Auflage, München 2001

Heseker, B. /Heseker, H.: Nährstoffe in Lebensmitteln. Umschau Zeitschriftenverlag. Frankfurt a. M. 1999

Helberg, Dörte: Die neue FIT FOR FUN-Diät. Südwest Verlag. München 2001

Hottenrott, K.: Ausdauertraining: intelligent, effektiv, erfolgreich. Dr. Loges + Co. GmbH. Winsen 2000

Hottenrott, K./Zülch, M.: Ausdauerprogramm. Rowohlt. Reinbek 1990

Hottenrott, K./Zülch, M.: Ausdauertrainer Inlineskating. Rowohlt. Reinbek 1998

Kleinmann, D.: Laufen. Schattauer. Stuttgart 1996

Konopka, P.: Radsport. BLV. München 2000

Lindner, W.: Radsporttraining. BLV. München 2000

Markworth, P.: Sportmedizin. Rowohlt. Reinbek 1993

Mareés, H. de: Sportphysiologie. Tropon. Köln 1992

Röthig, P. et. al: Sportwissenschaftliches Lexikon. Hormann. Schorndorf 1992

Scharnagl, H.: Der Triathlontrainer. Rowohlt. Reinbek 2001

Schönegge, H.: Richtig schöne Muskeln. Südwest Verlag. 2. Auflage, München 2001

Stecher, G T./Müller-Hörner, R.: Management by Sports. Kona Verlag. Kirchheim/Teck 2000

Steffens, T./Grüning, M.: Das Laufbuch. Rowohlt. Reinbek 1999

Steffens, T./Grüning, M.: Marathon – Die besten Programme. Rowohlt. Reinbek 2001

Steffny, H./Pramann, U.: Perfektes Lauftraining. Südwest Verlag. 16. Auflage, München 2002

Wagner, G./Peil, J. M./Schröder, U.: Trink dich fit. Pala-Verlag. Darmstadt 1997

Weineck, J.: Optimales Training. Perimed. Balingen 1994

Wessinghage, T.: Laufen. BLV. München 1996

Zintl, F./Eisenhut, A.: Ausdauertraining. BLV. München 2001

Bildnachweis

Birkenholz, München: 97 (Schuh von Heart & Sole Laufsport, Ohlmüllerstr. 5, 81541 München), 122 (3); Bongarts, Hamburg: 82 (Martin Rose), 88, 114 (Lutz Bongarts), 123 (A. Hassenstein), 154 (H. Schneider); Corbisstockmarket, Düsseldorf: 80 (Jon Feingersh), 89 (John Henley), 102 o. (David Raymer), 144 (Markku Lahdesmaki), 178 (Jim Erickson); Fit for Fun, Hamburg: 90 o./u. (Oliver Lassen), 90 mi./u., 91 o./mi./u., 163 li./re., 164 li.o./ re.o., 167 li.o./li.u./ re.u., 169 li./re. (Klas Neidhardt), 155, 162, 164 u., 165 o./u., 166 li./re., 167 re.o., 170 o./li.u./re.u., 171 li.o./li.u./re.u. (Andreas Pollok); Fotex, Hamburg: 105 (Gregg Adams); Gettyimages, München: Titel (Stuart McClymont); IFA-Bilderteam, Düsseldorf: 3, (Internatio-
nal Stock), 8 (AP&F), 13 (Diaf), 54 (DISC), 103 (it-stock), 128 (Ventura), 141 (Weststock), 146 (LDW); Image Bank, München: 55 (Chris Cole), 58, 140 (Terje Rakke), 179 (John Kelly); Imagine, Hamburg: 181 (Hoa Qui); Jump, Hamburg: 25 (N. N.), 81, 145 (Martina Sandkühler), 84 (Annette Falck), 190 (Wernfried Knudtsen); Kellogg (Deutschland) GmbH, Bremen: 40; Mauritius, Mittenwald: 51 (Stock Image), 191 (Stock Image); Photonica, Hamburg: 12 (Johner), 36, 37 (Neo Vision); Südwest-Verlag, München: 194, 195 (Ingolf Hatz); Superbild: 24 (B.S.I.P.); Zefa, Düsseldorf: 2, 46 (M. Möllenberg), 9 (Boddenberg), 33 (Kevin Dodge), 35 (A. Inden), 92 (M. Thomsen), 93, 102 u. (Cloud Nine Prod.), 115 (Madison)

Impressum

Der Südwest Verlag ist ein Unternehmen der Econ Ullstein List Verlag GmbH & Co. KG, München.

© 2002 Econ Ullstein List Verlag GmbH & Co. KG, München, und FIT FOR FUN Verlag GmbH, Hamburg 2. Auflage 2002

Südwest Verlag
Redaktion: Dr. Marion Onodi
Constanze Lüdicke
Projektleitung:
Nicola von Otto
Redaktionsleitung und medizinische Fachberatung:
Dr. med. Christiane Lentz

Bildredaktion: Sabine Weber
Produktion: Manfred Metzger (Ltg.), Annette Aatz, Monika Köhler
Umschlagkonzept: Lohmüller Werbeagentur, Berlin
Umschlag: Reinhard Soll
Layout: Zero, München
DTP und Grafiken: Mihriye Yücel, Veronika Moga

FIT FOR FUN Verlag
Chefredakteur:
Andreas Hallaschka
Verlagsleitung: Petra Linke
Printed in Italy
Gedruckt auf chlor- und säurearmem Papier

ISBN 3-517-06441-6

Hinweis
Das vorliegende Buch ist sorgfältig erarbeitet worden. Dennoch erfolgen alle Angaben ohne Gewähr. Weder Autoren noch Verlage können für eventuelle Nachteile oder Schäden, die aus den im Buch gegebenen praktischen Hinweisen resultieren, eine Haftung übernehmen.

Register

FIT FOR FUN-Bücher:

Gesünder ernähren – bewusster genießen – intensiver leben: Hier finden Sie noch mehr Kochbücher und Ratgeber unserer FIT FOR FUN-Experten.

Jedes Buch für nur €15,95!

Das Trainings-, Fatburn-, Beauty- und Wellnessbuch mit Tipps zur Straffung der Muskulatur und zur Fettverbrennung. Dazu Fitness-Food sowie Specials zu Fatburnern und Verjüngungsprogrammen.

Format 16 x 21 cm, 200 Seiten

Bestell-Nr.: 227 024 F

Das preisgekrönte Diät-Konzept mit Rezepten & Wochenplänen für gesundes Abnehmen. Dazu die 100 besten Tricks gegen Figurfallen.

Format 16 x 21 cm, 208 Seiten

Bestell-Nr.: 227 019 F

Topleistung durch Topernährung: Mit aktuellen Erkenntnissen rund um Fitnessfood sowie Ernährungsplänen und raffinierten Rezepten.

Format 16 x 21 cm, 200 Seiten

Bestell-Nr.: 227 011 F

Abnehmen mit Spaß: Ihr individuelles Ernährungsprogramm für eine gute Figur, mehr Vitalität und Fitness.

Format 16 x 21 cm, 196 Seiten

Bestell-Nr.: 227 023 F

Mit Fahrtechniken für Anfänger und Profis, ausführlichen Trainingsplänen sowie allen wichtigen Infos zum Skate-Kauf.

Format 16 x 21 cm, 164 Seiten

Bestell-Nr.: 227 021 F

Jetzt bestellen!

per Fon: 0781/639 69 97
per Fax: 0781/639 61 00
per Mail: abo@milchstrasse.de
oder online: www.fitforfun.de/shop

Die Bezahlung der Bestellung kann per Bankeinzug, Rechnung oder Kreditkarte erfolgen. Der Versandkostenanteil pro Gesamtbestellung beträgt € 3,90 (In- und Ausland), ab € 75 Warenwert versandkostenfrei.

Mit Widerrufsrecht: Die Bestellung kann ich innerhalb von 14 Tagen (Datum des Poststempels) beim FIT FOR FUN-Leserservice, Postfach 300, 77649 Offenburg schriftlich, auf einem anderen dauerhaften Datenträger oder durch Rücksendung der Bücher widerrufen. Die Frist beginnt mit Absendung dieser Bestellung.

Alle Fakten und Hintergründe zum Stress und seinen Folgen auf den Körper. Plus Test: Welcher Stress-Typ sind Sie?
Format 16 x 21 cm, 184 Seiten
Bestell-Nr.: 227 022 F

Die besten Trainingstipps für Ihre Gesundheit und Ihre Figur. Das optimale Training für mehr Leistungsfähigkeit
Format 16 x 21 cm, 216 Seiten
Bestell-Nr.: 227 016 F

Das Laufprogramm für Einsteiger und Profis mit allen wichtigen Tipps & Tricks und Trainingsplänen sowie einem Lauf-Tagebuch.
Format 16 x 21 cm, 224 Seiten
Bestell-Nr.: 227 007 F

Straffer Körper, definierte Muskeln, weniger Fett: 150 Übungen für gezieltes Bodystyling und Problemzonen-Bekämpfung.
Format 16 x 21 cm, 176 Seiten
Bestell-Nr.: 227 020 F

Schnell, einfach, leicht: Mit über 100 fettarmen und vitaminreichen Gerichten für eine optimale und genussvolle Ernährung.
Format 22 x 29 cm, 128 Seiten
Bestell-Nr.: 227 018 F

Für ein gutes Lebensgefühl mit der richtigen Einstellung. Tipps zum Stressabbau privat oder im Job. Mit Poster für's Büroworkout.
Format 16 x 21 cm, 200 Seiten
Bestell-Nr.: 227 004 F

Die Spielregeln für Ihren Erfolg. Mit Tipps & Tricks um Ihre Ziele zu verwirklichen und sich selber zu motivieren. Mit Erfolgs-Tagebuch.
Format 16 x 21 cm, 240 Seiten
Bestell-Nr.: 227 014 F

Heimtrainer!

Sport & Fitness | Gesundheit & Wellness | Gesünder Essen | Sex & Soul | Mode & Lifestyle | Reise & Abenteuer